U0516481

紹興大典 史部

康熙紹興府志 9

中華書局

紹興府志卷之五十三

人物志十六

鄉賢之十　隱逸

自昔談高隱者葢必曰嚴先生而嚴先生固越産也越擅巖壑之奇其地可以隱是以其人稍不售於世輒藝猶以終老無難者况嚴先生之流風固千載不泯乎夫世之所以亂者貪懦之士比肩而士亡廉恥也一絲九鼎非謂其廉頑立懦世教有足恃哉不然果於忘世而滅大倫是聖門之所擯也烏足志

(漢)嚴光字子陵餘姚人一名遵本姓莊避顯帝諱諱莊曰嚴光少有高名梅福妻之以女光武微時嘗與光同學及即位乃變姓名隱身不見帝思其賢下令物色之後齊國上言有一男子披羊裘釣澤中帝疑是光乃備安車元纁遣使聘之三而後至車駕即日幸其館光臥不起帝即其臥所撫光腹曰咄咄子陵不可相助爲理耶光不應良久乃張目熟視曰昔唐堯著德巢父洗耳士固有志何至相迫乎帝曰子陵我竟不能下汝耶於是升輿歎息而去復引光入論

道舊故相對累日帝從容問光曰朕何如昔時對曰陛下差增於往因共偃臥光以足加帝腹上明日太史奏客星犯帝座甚急帝笑曰朕故人嚴子陵共臥耳除諫議大夫不屈乃耕於富春山後人名其釣處爲嚴陵瀨云建武七年復特徵不至年八十終於家詔郡縣賜錢百萬穀千斛塋縣東北客星山廟祀之

舊志張元忭云按河南通志言光隨其父官新野故與光武同學稱故云

陳業上虞人初爲會稽太守潔身清行遭漢中微委官去隱於黟歙間朱育稱其高邈妙縱天下所聞

（魏）稽康字叔夜上虞人後徙居銍家于稽山奇才儁覽遠邁不羣與魏宗室婚拜中散大夫常修養性服食之事彈琴詠詩有以自樂與劉伶阮籍輩爲竹林之遊世號竹林七賢嘗採藥遊山澤會其得意忽焉忘返至汲郡山中見孫登登沉默自守無所言說康臨去登曰君性烈而才儁其能免乎山濤將去選部舉康自代康貽書告絕康性絕巧而好鍛居貧嘗與向秀共鍛於大樹之下以自贍給潁川鍾會往造康不爲禮而鍛不輟良久會去以此憾之及是言於文

帝曰嵇康臥龍也公無憂天下顧以康爲慮耳因譖康欲助毌丘儉帝遂害之康將刑東市太學生三千人請以爲師弗許康顧視日影索琴彈之曰昔袁孝尼嘗從吾學廣陵散吾每靳固之廣陵散於今絶矣時年四十海內之士莫不痛之帝尋悟而恨焉康善談理又能屬文撰上古以來高士爲之傳贊又作太師箴

舊志張元忭云按康本魏臣不仕晉其意深矣而昧於明哲之訓卒以殺身由是知靖節之不可及也

晉謝敷字慶緒山陰人性澄靖寡欲入太平山十餘

年辟命皆不就初月犯少微一名處士星占者以隱士當之時譙國戴逵有美才人或憂之俄而敷死越人以嘲吳人云吳中高士求死不得死

夏統字仲御永興人引身不仕母病篤詣洛市藥遇賈充與語其應如響因問會稽風俗統曰其人循循猶有大禹之遺風泰伯之義讓嚴遵之抗志黃公之高節勸之仕俛而不答

孔沉字德度山陰人有美名何充薦於王導辟丞相司徒掾瑯琊王文學並不就從兄坦以裘遺之辭不

受坦曰晏平仲儉猶狐裘數十年卿復何辭於是服之是時沉與魏顗虞球虞存謝奉並爲四族之儁沉子廞位至吳興太守廷尉廞子琳之以草書擅名又爲吳興太守侍中

南北朝戴顒字仲若逵之子與兄勃並受琴於父父殁所傳之聲不忍復奏各造新美勃制五部顒制十五部傳於世嘗遊桐廬居吳下又止京口黃鵠山後還剡宋文帝每欲見之常謂黃門侍郎張敷曰吾東巡之日當宴戴公山下也後卒葬剡所遺文有釋禮記

中庸篇月令章句逍遥論等書穀字長雲仕爲散騎常侍與父逵弟顒並高蹈物外爲海内所稱祀鄉賢

朱百年山陰人少有高情攜妻孔氏入會稽南山以伐樵採若爲業以樵若置道旁輒爲行人所取明旦已復如此人稍怪之積久乃知爲朱隱士也所賣須者隨其所堪多少留錢取樵若而去或遇寒雪樵若不售無以自資輒以榜船送妻還孔氏天晴迎之好飲酒頗談元理時爲詩詠有高勝之言隱迹避人惟與同縣孔顗友善顗亦嗜酒相得輒酣對盡歡顔峻

爲東陽州餉百年米五百斛不受後卒山中蔡興宗
爲會稽太守餉百年妻米百斛妻遣婢詣郡門固辭
時人美之以比梁鴻妻云
孔祐山陰人愉曾孫也隱居四明山嘗見山谷中有
數百斛錢視之如瓦礫樵者競取之則化爲沙土又
有鹿中箭來投祐養之創愈而去復引羣來依太守
王僧虔欲引爲主簿不屈子道徽少厲高行能世其
家隱居南山終身不窺城邑齊豫章王嶷爲揚州辟
西曹書佐不至鄉里宗慕之道徽兄子總亦有操行

凍餓自廿郡縣徵辟皆不就

王弘之字方平上虞人初仕晉爲司徒主簿後棄去家貧性好山水宋武帝辟召一無所就性好釣上虞江有勝地名三石頭弘之常垂綸於此經過者不知識或問漁師得魚賣不弘之曰亦自不得得亦不賣日夕載魚入上虞郭經親故門各以一兩頭置門内而去謝靈運顔延之皆與之游

唐秦系字公緒會稽人自號東海釣鰲客有詩名於天寶間嘗結廬泉州南安九日山穴石爲研注老子

刺史數往見歲時致餽而系未嘗至城府姜公輔之謫見系輒窮日不能去築室與相近忘流落之苦張建封言系不可致請就加校書郎後遭亂避地剡溪東渡秣陵既卒南安人思之號其山爲高士峯

孔述睿山陰人梁侍中休源八世孫少與兄弟克符克讓篤孝偕隱嵩山而述睿性嗜學大曆中劉晏薦於代宗累擢司勳員外郎史館修撰述睿每一遷即至朝謝俄而辭疾歸以爲常德宗立拜諫議大夫兼賜第宅固辭久乃改秘書少監以太子賓客還鄉

（元）石延翰新昌人父渝兄延俸皆仕吳越錢氏翰獨恥之隱居沃洲山白雲谷以書史自娛後贈白雲先生

（宋）趙宗萬字仲囦山陰人少知名錢忠懿入朝欲與之俱以親老辭既長博極書傳用進士應詔籍於春官宗萬天資瀟散於世故澹如也壯歲築室於郡之照水坊左瞰平湖前挹秦望畜一鶴號丹砂引以爲侶足跡不及高門鼓琴讀書怡然自適者三十餘年祥符中詔舉遺逸郡守康戩以宗萬薦壽被召乃曰

吾老矣不足以任事因獻跛鼈傳以自見且請自託於道家者流朝廷不奪其志即其家賜以羽服後十餘年卒華鎮言宗萬神宇清明識度超曠終日凝淡若嬰兒眞方外之士然取捨去就之際則確乎有不可奪者善八分草隸書通俞扁術或辟穀導氣嘗爲詩曰斗懸金印心難動屏列春山眼暫開蓋其志也

王易簡字理得山陰人尚書佐之元孫登進士除瑞安主簿不赴隱居城南讀張子東銘作疏議數百言易簡生而穎異幼喪父哀毁如成人事伯姊甚謹尤

賙恤其族撫兄之諸孤如其子多所著述

石余亨字成巳新昌人登咸淳進士仕於鄞於衢巳而棄官歸沃洲自號休休翁避丙子之亂奔走萬山中更號遁翁平生自喜爲詩文孫璞欲梓遺稿弗許曰聊以適吾意爾未必名家巳而慨然曰吾家更八九世皆不失素業至余身益窮今老矣然不辱於盜賊不死於道路獲奉遺體下從先君子於九原亦幸矣因預爲之銘銘曰膠膠乎申申乎將久存以猝余形乎寧亟歸以全余眞乎悲夫

吳大有嵊人寶祐間遊太學率諸生上書言賈似道姦狀不報遂退處林泉與林昉仇遠白珽等七人以詩酒相娛時人以比竹林七賢元初辟爲國子檢閱不赴卒葬戴顒墓左所著有松下偶抄

石公孺字長孺待旦曾孫爲人警敏孝友有經術不求仕進高宗詔求遺逸使者朱异薦其長於三傳召對稱旨命之官固辭高宗曰卿當爲朕勉受一官乃授廸功郎進其所作春秋類例命藏館閣再授監南岳不就還山

楊子祥字吉甫餘姚人父克和明春秋學學士多宗之子祥卓犖有奇氣言行侃侃必稽於道江萬里異之舉爲縣監稅不就教授海濱學徒甚盛遭宋亂兵興避地西浙時劉夢炎事元爲吏部尚書聞子祥賢欲致之子祥不顧東還遇鄧牧謝翺及方九思於臨安九思者亦姚人自言有司馬子長之風相與吊古賦詩徜徉湖山間復有薦此數人者乃皆去歸其鄉而子祥歸姚杜門著書垂二十年而卒

葉仲凱餘姚人博涉經史善屬文咸淳甲戌禮部正

奏名爲當國者所忌罷歸會代易終身不仕或勸之曰君未食宋祿今仕元何不可而甘貧賤仲凱對曰吾聞周德雖興夷齊不厭薇蕨漢道方盛黄綺無間山林人各有志奈何違之勸者乃止仲凱教授鄉里敦篤之風藹然爲詩歌寓廢興存亡之感故老往往置不忍讀金華黄溍序之

元黄奇孫字行素新昌人度曾孫也敦行誼有古風師事俞浙石余亨韓性該博經史避元隱居不仕所著有南明志蚓鳴集及輯其祖三朝言行錄藏於家

潘音字聲甫新昌人幼聰敏強記能文生甫十歲而宋亡見長老談厓山事卽潸然涕下及長讀夷齊傳擊節憤歎益以事元爲戒日惟杜門讀書談道多所自得後訪弟元甫於義烏因往從草廬吳澄學泰定間澄以薦召欲行音勸止之不從遂歸築室南洲山中自名其軒曰待清隱居所著有待清軒稿　祀鄉賢

王孚字宗孚山陰人元蘭亭書院山長中元第五子孝友淳朴動遵禮度爲後進儀表以先世有田廬在茭湖時方擾亂同昆季渡娥江寓焉杜門畏影晚年

益敦友愛與弟宗尹唱咏自怡相繼而終俱無子孚有山林餘興詩稿

吳雄字一飛諸暨人性易直從金華胡長孺遊以古人自期有地理卜筮諸書考歷詳盡嘗辟本州儒學正不就時人稱爲碧厓先生祀鄉賢

張爚嵊人少孤立不凡自以家世宋臣絕意仕進作休休吟以見志自號莘疇居士所著有記蹟錄每日所行必書之以自考至老不輟云

許汝霖字時用嵊人至正丙寅進士累官國史編修

已而退居張士誠據淮浙羅致士大夫霖遯走求之弗得元運改遂歸隱於嵊明洪武初徵至京未幾乞歸宋景濂以文贈之所著有東岡集禮庭遺稿

明呂不用新昌人初名必用字則行嘗應元鄉舉有奇名稍長悟曰吾家世宋臣仕元非義也遂更名不用字則耕率諸弟畊石鼓山下以奉二親已從金華黃溍學博涉經史爲詩文翩翩有逸氣時與宋濂劉基相唱和及基翊輔明高祖屢欲薦之以聾疾固辭晚年應經明行修辟授本學訓導時亂餘禮經晦蝕

幸諸生綜蘧蒐剔親爲䟽解且訂集朱子家禮行之一時翕然向化復以聾疾退居因自號石鼓山聾所著有得月稿牧坡稿力田稿

呂九成字宗學與兄不用九思時稱三彥自以宋室世臣不肯仕元兩兄倜儻有才名而九成澹泊雅循時時誦説溫公晦庵之書言動由禮不與時移易其後兩兄以徵辟仕明朝九成竟隱約終身絃歌自適欣如也同宗子弟咸敬事九成如嚴師一少年被酒侵九成從者欲毆之九成曰勿校狂兒且死矣已果

爲盜所殺嘗戒子孫勿游市井曰此最壞人心術後百餘年天水胡纘宗行部至新昌乃爲九成立碑曰逸民云

董荊字宗楚新昌人曾之子也博學好古長於詩文尤善畫所著有翠微漫稿明初隱居不仕洪武十七年舉博學宏詞上親問治道稱旨授縣丞辭不就

王紹原字復初山陰人自幼嗜學治毛詩刻意吟詠伯仲五人值元季兵亂家盡廢紹原偕諸弟攻苦食淡怡如也及海內既平於舍旁闢一軒扁曰畊讀與

常所往來觴咏自娛灑然無世累有艸讀集傳於世

章鍃字克平會稽人性孝友博學工詩宣德間兩徵不起風節凜然爲世所推魏文靖銘其墓曰隱逸不汚南村一人而已

胡禎字用良新昌人甘貧慕古絕跡城市士大夫聞其名或造廬而見之結草亭於宅外聚古今圖籍終日吟誦其中不慕仕進所著有草亭愚辨諸書古淡平實有關世教與江浦莊杲嘉禾呂原以詩文相友善杲嘗寄以詩云聖世佯狂自古容溪山此意便無

窮誰知宇宙千年病我與先生一樣風越水以東惟剡曲子陵而下幾漁翁閒忙莫問今誰是時止時行道只同其見許如此

許璋字半圭上虞人淳質苦行潛心性命之學其於世味泊如也嘗躡屩走嶺南訪陳先生獻章其友王司輿以詩送之曰去歲逢黃石今年訪白沙歸途遇一方伯重其人留之旬月至忘形骸旦夕引妻子出見既別去人問方伯夫人何狀璋答曰都不省記矣王文成公初養痾陽明洞惟與璋輩一二山人几坐

終日或共叅道妙互有資益其後擒逆濠成功歸每乘筍輿訪璋山中萊羹麥飯信宿不厭璋歿後文成題其墓曰處士許璋之墓屬知縣楊紹芳立石焉時嘉靖四年也璋於天文地理及孫吳韜畧奇門九遁之術靡不精究正德中與文成遊嘗西指曰帝星今在楚數年後君自見又謂其所居北山里當大發祥顧吾子孫無當之者北隣陳氏兄弟非凡人强委之去陳今子姓蕃衍甲第蟬聯人稱半縣陳其占卜奇中多類此

徐文彪字望之上虞人抱道積學工詩文正德初舉賢良文彪以母老辭有司敦趣廼行當是時逆瑾方專恣而餘姚謝文正以忤瑾謝事去文彪至京試吏部用蕭傳恭顯語瑾覽策且以爲文正鄉人怒甚下之獄榜掠幾死械戍鎮番鎮番接壤流沙在中國萬里外文彪處之怡然諸武弁子弟相率來學與之論説不倦居三年瑾誅乃赦還初文彪二子子奎子厚聞父難奮以死從兄弟耦而往屬西番旁塞阽危百端乃達戍所卒掖父以歸歸二十有七年而卒時餘

姚徐子元周禮應聘與文彪同下獄遣戍亦同而文彪所造特深當罹禍時賦詩慷慨無戚容及歸盧西山益事嘯咏絶不談往昔事性復好施予創義田賑饑恤死鄉人咸德之所著有貞晦集若干卷 祀鄉賢

王埜字貞翁山陰人生有異禀家貧肆力經史絶意仕進築室臥龍山南教授自給守介而氣和鄉人士雅慕重之郡守洪珠屢造其廬扁其堂曰逸士晩歲喜讀易習養生倘佯山水間自號蜕巖道人壘石爲生壙於亭山之麓題曰小芙蓉城爲詩冲澹自得書

法通趙吳興所著有周易衍義蛻巖詩集蛻巖詩話百別詩絃誦新聲所編輯有紹興名勝題咏五燈集要湖山紀遊諸集埜無子有女曰蘖昪適胡氏而寡無所依依父以居女紅極精巧嘗貿以供朝夕亦能詩然不多作婺居十餘年先父殁殁而檢笥中得詩數十首每焚香誦經有詩云禮佛焚香易修行定性難古來成道者心肺鐵般般可以觀所存已埜小芙蓉城側鄉人題曰節婦王蘗昪墓埜殁鄉人思之請於郡守梅守德即故居立石曰王隱士里同時有王

墟者詩才與埜相伯仲而端謹不逮云

楊珂字汝鳴餘姚諸生從王文成學會學使者按越檢察舉子無異錄囚珂嘆曰是豈待士者哉遂隱居秘圖山養母以孝聞爲詩瀟洒不群書得晉人筆法晚歲益怡曠飲酒浩歌同時有山陰陳鶴者字鳴野家本世胄少年輒研精詞翰名重一時又善畫水墨花草獨出已意最爲超絕蓋其風韻在珂右而豪放更爲不羈

陶祖齡字石鏡會稽諸生恭惠承學幼子生而頴異

恭惠以得祖齡晚愛護逾常格每撫而笑曰此子異日竟肯居諸兄後乎擇配龍溪王畿孫女丙午試闈中房考得卷大見奇賞欲以作元主者以朱書過楷心疑之將置副榜房考執不可曰吾不忍爲此生貶價也遂貢入大學是時兄望齡讀書中秘譽望素著日與袁伯脩黃平倩相往還而祖齡乃偏與之交嘗謂人曰今世學者絕根掇華風習日陋與聖賢之道如南行而北轅吾豈能復被風塵跨驢背與後生爭進乎即隱居凰墩顔曰便老講學其中未嘗一入城

市長子履群父逝世哀毁踰制事母王備極孝養自幼從外大父王龍谿伯父文簡講學問答問多有啓悟鄉黨中有貧乏者輒多方周濟仲子履卓癸未會魁授行人封父如其官季子履章以詩畫稱

何育仁字覺庵山陰人爲諸生時忠孝自許端巳率物動稱理學後適意遊覽多吟咏跡不履城市肆于著述年七十餘灑然杖屨人比爲柴桑鹿門而凡民有喪則匍匐振救之及卒鄰里爲之隕涕

呂光濵字和賓新昌人弱冠時試輒高等聲譽籍籍

與山陰徐渭友善旣而省試屢躓移太學如例授鳳陽幕職歲饑陳流民狀請上官發粟行賑大蘇時困豪弁爭軍田守令久不決委光濵勘之立辨曲直梟司嘗以他郡疑獄令其訊鞫公正益著于時在任八月卽乞歸曰吾之自勉以勉人者六字所謂隨處體認天理是也搆樓數椽署之曰拙逸日夕究心皆在禮教

林日本字原長虞邑令林希元之後博通經術一時公卿許爲濟世才交章薦之崇禎間辟爲中書不就

家貧檻邉隙地植梅多種類人稱爲梅隱善詩歌亦
工于書酒酣揮翰縱意所之其徐渭之流亞歟
章懷德會稽人少有逸才由明經進國學例當與選
以母老終其身侍養不欲仕家居夙爲遠近所欽有
争競者得其片言即嗒然若喪里中敗行子且曰勿
令章君知也秉性不事紛華且耕且讀馴至素封乃
能勤施予敦婣睦待之舉火者常百十家崇禎間舉
薦辟入對名劂高等辭不就官終老偁山之麓後以
子黼貴追贈文林郎

呂玉涵字志養新昌庠生成童時學爲醇儒壯而下帷博極群書以爲利祿養親人生小節父官江北玉涵初隨之見父思鱸蓴即前請曰賦歸非其時乎父知其意在遯世盡發經史屬以較讐十載卒業著通考續編秘而不梓曰吾以自娛弗求衒鬻年九十勉人文行忠信闢浮屠説

余增遠字謙貞山陰人父嚴庭訓子雖貴戞楚不少貸一日令諸子各言志擬一古人增遠曰願如司馬君實生平無不可對人言父善之天啓間兄煌廷對

第一弟增雍列鄉薦增遠處之泊如旋以崇禎癸未
成進士除寶應令見時事搶攘掛冠歸棲郭外數椽
身荷錢鎛與老農相往還齒讓而坐人亦忘其貴昕
戴皂巾廣尺五寸寒暑蒙其首衣皆重綻食惟脫粟
設繩床擁敗絮以寢冬月手足皸瘃意常灑灑既而
教授童子絕長吏不交或念其貧欲餽以脯糜束帛
比入見坐語移時清曠出塵至不敢言餽而去且能
于未病知生死年六十有五卒一時論者稱爲江東
逸民私謚曰孝節

余元文字仰泉諸暨人幼頴悟應童子試不刊輒棄去博綜經史至岐黃占測五行諸書罔不通曉家僅中人産能汲汲爲賙恤事里閭頌之繼以延師取友課子下帷由是家益落子綸子縉皆成進士縉御史諫職著風骨封元文如其官生平剛方儉約既貴布衣徒步不渝常度嘗愛植梅菊曰吾以友其德年踰八十卒孫一燿毓澄同登壬戌科進士

呂和鈞字六符新昌庠生博綜經史嘗集諸家註註參以獨見多發前人所未有薦紳咸許爲著作才然

賦性恬曠不屑屑青紫初隨父宦繼奉母孀終身孺
慕不少衰復重義好施細行必謹邑中月旦謂其懷
才而隱猶陶靖節子柔子夏育今登賢書
陳三省字思魯新昌人弱冠爲諸生經史而外嘗蒐
覽祕笈及時號雅贍平居退然若不勝而當世鉅務捉
筆數千言皆可見諸行事年三十餘遘祖父慼凶身
以勞瘁卒士論惜之
何治仁字文治山陰人少志濂洛之學天性孝友樂
施予居父母喪七日水漿不入口三年不茹葷生平

口未嘗道人短手未嘗釋卷著史衡獨得古人深意著太平金鑑曰聖主致治平無以易也著易解博綜象義極其旨趣善詩古文有鑄閣草消病集囈吟逸編年方強仕領歲薦即絕意仕進或勸之笑不答樂古虞西里山溪之勝挈妻子家焉學者稱爲靖菴先生子嘉祐見儒林後

魯元寵字青海會稽人崇禎戊辰進士初授嚴州司李庚午同考南闈又受楚中聘所得皆知名士居官七載再攝歙篆又攝休篆豪強斂跡咸頌神明立祠

祀之乙亥擢知推之賢良卓異者以備擢用元寵治
行居第一特授翰林編脩由司李轉史職自元寵始
庚辰會試同考得人最盛後外遷廣東叅議致仕隱
遯而終
何弘仁字仲淵山陰人父光道贈御史母陶文簡望
齡女兄崇禎丁丑弘仁成進士歷知建平高要報最
召拜御史諫章數萬言切中機宜惜不竟用流寇變
後弘仁徒跣號呼自峯巔作有心吟投崖絕而復甦
又入陶介山叢谷中間道走縉雲孝烏諸山與李秘

霞郭蓬峯往來歌哭人莫測其誰何也先是預作一書緘付秘霞卒後相與啓視其辭皆爲流涕

徐復儀字漢官上虞人崇禎癸未成進士踰年寇至躃踊曰復儀死後矣即日走白下已出之滇黔經閩粵凡歲餘徒跣千里歸拜父母牀下遽辭去宿三十里外斷酒肉朝誦易夜誦楚辭妻殁妾逝女亡俱不問有識其處者輒引去四十無子或以父母春秋高諷之不答時登崩崖忽自墮或入大窖夕寢其中逢虎豹不爲怵時不粒食病尫羸不可堪一日大風雨

晝晦俄聞兵四合從者止一人逸曰有是乎吾命盡矣搤喉死左右無知者明日父承寵哭之目乃瞑

王自超字茂遠山陰人司空舜鼎孫父壐字子安萬曆癸酉舉于鄉博學有重名自超生而聰穎髫年即日就五藝父亦奇之十六補會稽諸生崇禎壬午舉于鄉癸未成進士授庶常一時文譽蔚騰雖窮陬僻壤無不誦習其文甲申流寇陷長安自超負時名寇尤物色之乃潛身遠匿間道歸里天下士大夫更重其風節凡游越者必登堂致敬以識面爲榮自超性

高介邁當途無所欵接雖戶外多長者車轍而隱居窮約未嘗少改常度年三十卒所著有柳潭集

徐奇字而法會稽人受業劉宗周之門以明經任仙居訓導生平嚴凝不苟學有淵源所著有大易卦義聖學宗傳集要聖學詠和篇五倫志古篇歷代史論名賢論理學存書行世子師仁亦劉子門人著有鑑湄集

朱兆憲字叔起山陰人少師爕元第三子也俊偉工文章隨父宦黔蜀父卒庫中貯餘金八十萬兩兆憲遵遺命立召藩臬以籍付之一無所私少補諸生中

申變後杜門掃種花畜魚詩酒自娛尤精岐黃喜
爲人治病務在必痊終身不倦
趙甸字璧雲山陰諸生甲申後絕意進取逍遥雲門
問與陶履平爲契友無妻子終身淡如善畫山水大
得雲林筆意脩顯聖寺志
陶景麟字趾振會稽諸生以曾祖承學廕補大常簿
變姓名棄妻子隱居毘陵卒於錫山太史楊廷鑑爲
之視殮弟景龍亦高隱卒于玉山
來蕃字成夫蕭山諸生師事蕺山矩矱一禀師說父

珏性甚嚴召之歸時雨雪載道夜深徒跣行三四十里弗沮也父喪後遇甘脆輙飲泣不食以爲常其至性如此愛佳山水輒游游輙有咏隱居三十年感瘋疾卒卒之先繪一像衣冠純素亦可以哀其志矣所著有恒廬集病時託友人藏之

沈静字止安會稽人忠肅後裔生而聰慧經史百家覽輙成誦師事劉蕺山嘗曰沈子能躬行道學不事虚談故國人無論長幼皆稱爲道學先生甲申後絶意仕進聚徒講授有王孝廉欲遠游寄以黄金三百

兩托之比及卽卒靜還其妻且爲之撫孤士林義之所著有比蘇集十卷藏于家弟登先字昆明與兄靜俱以孝友稱補餘杭諸生入餘杭幕時有大帥驕橫所過殘掠登先力爲解紛邑賴以安邑人擁道羅拜曰某等得保室家者仁人之功也後以薦舉授官不赴隱跡終身著有戒溺女屠牛說語甚愷切

黃翊字九霄餘姚人能爲近體詩工畫竹石菊花引泉爲池種菊數百本朝夕嘯咏于側習其烟容傲色馮蘭詩曰種菊雁山下山深泉亦長傲霜秋色老映

月夜光涼妙酒臨池墨清分獻酒觴蕭然三畝宅風景即南陽其時有毛世濟亦以畫菊名聞

翁逸字祖石餘姚人工山水爲人磊落不群任情詩酒蕭然塵垢之外

程法孔字魯一餘姚人崇禎壬午舉于鄉性嗜酒落魄以名節高尚自矜雖窮愁不變也蚤罷公車取資館穀以終其身

徐廷玲字蜃度上虞人明正德間應賢良聘徐文彪之元孫也父如龍母陳俱以孝謹聞玲六歲就外傅

伯參政如翰以大器期之年十五補諸生戊子間警奉母間道入郡城依兄廷玠友愛如童時踰年歸里堂搆盡燬漠然置之惟日以色養爲事撫孤姪無異已出膳孀居姊四十年及歿喪葬事無不殫焉隱居終身編輯宗譜手書不倦工于詩且旁涉岐黃諸術活人歲以伯什計所註又有內經註解針灸大全地理纂要等集藏于家

王應鴻字天蓮山陰人家昷山西岸之南以仁讓化一鄉見端人誼士親之如骨月精丹溪河間學與陸

曾畢秦弘祐諸君子爲忘形交遇乏絕傾瓶粟遺之病則躬爲調藥殁則賻之有隱君子之風焉

劉三達字又孟山陰人少以穎異聞長而慷慨多氣節嘗建別業于龍山之麓讀書養氣落落自喜志不窺戶外事及佐東流縣不少徇私卒以直忤乃歎曰豈爲五斗米折腰耶即歸里隱居間與二三知巳泛棹耶溪作詩以見志卜居塔山以避囂焉著有希陶集并梅仙步韻諸書以附高士之品

其他以隱逸稱者祁豸佳山陰舉人陳洪綬諸暨諸

生而人皆以字畫名載方技傳沈胥崔會稽人隱于卜蕺山弟子張應鰲詳會稽儒林傳謝孔淵會稽人著有古今逸民傳數十卷

徐昇泰會稽人隱于豎著有本草辨疑數百卷捨宅建宗祠于蕺山之麓子諸生宗大孫承元世以醫名

劉世鵾字北生山陰人郡諸生爲人博學好古談經擁皐比聽受者莫不傾心及丁丙艱搆廬墓側名公卿欲望見不可得舉明經後即隱遁終著有軍徵集兵膽論才子警心集圖餘洽聞紀元攷僅誠集觀其

警心集敦實去華尤爲文人之規鑑至于雜著詩古文詞皆碩論偉議攷古究原酌今求當宇內爭得之以爲家珍間有以僞亂眞者惟有識者能辨之子畬諸生能讀父書且恂恂儒雅人以是覘其家學之淵源云

紹興府志卷之五十四

人物志十七

列女前

自明以來越中以節婦稱者何其衆也豈非家習於禮教不扶自直哉夫傳列女者自劉子政始然孽嬖亦録焉至范史乃止録賢顧亦不專婺節蔡文姬以才學著是亦辯通類耳乃今世則非節無稱也豈謂女德難徵惟兹事表表在耳目可得一切乎然而至難核者莫節若也舊郡志所記六代以上不數人唐

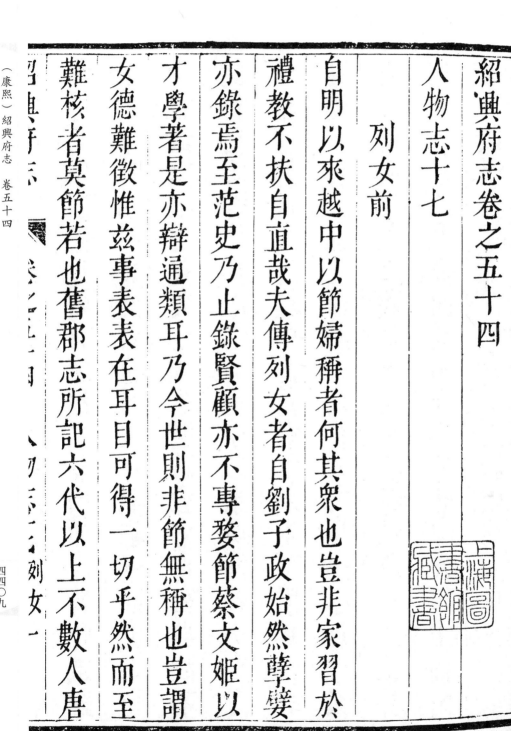

無聞焉宋以後乃頗有述然亦多因節乃著曹娥雖
云以孝其志固貞烈者也若夫孫妻劉母則庶幾桓
少君孟德曜之義矣德曜雖避跡會稽實在吳故不
記新昌志賢德其以劉母重乎以余所聞若史庶之
馮雖不著奇烈然其中懇篤勤劬以求不隕其世非
彼趨名者比也沈補闕妻妾跡太奇易傳而難旌又
有妻而明貫魚之義妾不見御終身孤寢誓不嫁其
行誼皆足以風世而竟淪没無稱悲矣夫節士猶附
驥乃顯矧夫䈂流三復青雲之談以爲太息

周越王句踐夫人不知何氏女王入臣於吳夫人與羣臣送別於浙江之上夫人乃據船哭顧烏鵲啄江渚之蝦飛而復來因作烏鳶之歌越王心內慟乃曰孤何憂吾之六翮備矣遂入吳已而夫人從王居吳石室衣無緣之裳施左關之襦給水除糞酒掃三年不慍怒面無恨色與王坐馬糞之旁夫婦之儀具吳王望見傷之其後越王伐吳夫人送王不過屏去筓側席而坐安心無容三月不掃

楚昭王越姬越王句賤女昭王燕遊蔡姬在左越姬

叅右王親乘駟以馳逐遂登附社之臺以望雲夢之囿觀士大夫逐者既懽顧蔡姬曰吾願與子生若此死又若此蔡姬諾王命史書之乃復謂越姬越姬對曰昔先君莊王淫樂三年不聽政終而能改卒霸天下妾以王爲能法先君將改斯樂而勤於政今則不然而要婢子以死妾聞之諸姑婦人以死彰君之善不聞以苟從其闇死而榮妾不敢聞命王寤敬越姬之言而猶嬖蔡姬也居二十五年王救陳二姬從王病在軍中有赤雲夾日如飛鳥王問周史史曰是害

王身然可移於將相將相聞之請以身禱王曰將相之於孤猶股肱也今移禍焉庸爲去是身乎不聽越姬曰大哉君王之德以是妾願從王矣昔日之遊淫樂也是以不敢許及王復於禮國人皆將爲王死而況於妾乎請願先驅狐狸於地下王曰昔吾戲耳若將必死是彰孤之不德也越姬曰昔妾雖口不言心既許之矣信者不負其心義者不虛設其事妾死王之義不死王之好也遂自殺王薨蔡姬竟不能死王弟子閭與子西子期謀曰母信者子必仁乃伏師閉

壁迎越姬之子熊章立是爲惠王

漢曹娥上虞人父盱能絃歌爲巫祝漢安二年五月五日於縣江泝濤迎婆娑神溺死不得屍娥年十四乃沿江號哭晝夜不絕聲旬有七日投衣於水祝曰父屍所在衣當沉衣隨流至一處而沉遂隨衣而沒經五日負父屍出元嘉元年縣長度尚改葬娥於江南道旁爲立碑邯鄲淳撰文甚工見祠祀志

孟淑上虞人中郎將質之女年十七當嫁適聘禮既至爲盜所刼淑祖父操刃對戰不敵見害淑哀慟毀

形以致盜由巳乃喟爾歎曰微淑禍不生以身害祖雖活何顏於是自經而死

上虞孝婦不知何氏女養姑孝姑年老壽終爲夫女弟所誣論死孟嘗時爲郡吏爭之不能得絕與東海于公事相類詳見嘗傳舊縣志云是包全女今包全載孝義傳云全以孝聞未知孰是

吳翟素永寧人方受聘遇賊不屈死朱育對其女則永寧翟素遭寇刧賊死不虧行

晉虞潭母孫夫人富春人吳大帝族孫女也適餘姚

虞忠忠死國事孫尚少誓不改節子潭自幼童便訓以忠義永嘉末潭爲南康太守值杜弢搆逆孫以死義勉潭又傾貲佐其軍潭遂克捷及蘇峻作亂潭時守吳興假節討峻孫又戒之曰汝當舍生取義勿以吾老爲累仍盡發其家童令隨潭助戰貿所服環珮以爲軍資是時會稽內史王舒遣其子允之爲督護孫謂潭曰王府君遣兒征汝何獨否潭卽以子楚爲督護潭累功封武昌侯立養堂事母王導以下皆就拜謁咸和末卒年九十五成帝遣使弔祭謚曰定忠

潭皆有傳

張茂妻吳郡陸氏女茂爲吳郡太守以討沈充遇害陸憤激傾貲率部曲討充先登殊死戰克之乃詣闕謝茂不克之罪詔曰茂死妻忠舉門義烈遂與茂俱得褒錫茂見忠節傳

王羲之妻郗太尉鑒女工書晚年王尚書惠嘗往看之問眼耳未覺惡否答曰髮白齒落屬乎形骸至於眼耳關於神明那可便與人隔婦人集載謝表曰妾年九十孤骸獨存願蒙哀矜賜其鞠養羲之見寓賢

傳

王凝之妻安西將軍謝奕女字道韞聰識有才辯叔父安嘗問毛詩何句最佳道韞稱吉甫作頌穆如清風仲山甫永懷以慰其心安謂有雅人深致安嘗寒雪日內集與兒女講論文義俄而雪驟安欣然曰白雪紛紛何所似兄子朗曰撒鹽空中差可擬道韞曰未若柳絮因風起安大笑樂又嘗謂弟元曰汝何以都不復進謂是塵務經心天分有限及遭孫恩之難舉措自若既聞夫及諸子已爲賊所害方命婢肩輿

抽刃出門亂兵稍至手殺數人乃被掠外孫劉濤年數歲賊欲害之道韞曰事在王門何關他族必其如此寧先見殺恩雖毒虐爲之改容乃不害濤自爾嫠居會稽家中莫不嚴肅初同郡張元妹亦有才質適顧氏元每稱之以敵道韞有濟尼者游於二家或問之濟尼答曰王夫人神情散朗故有林下風氣顧家婦清心玉暎自是閨房之秀道韞所著詩賦誄頌並傳於世

孫晷妻餘姚虞預女預與兄喜並有高名世家多求

預女預未許晷富春人字文度年少孝友世家亦多願妻晷而晷亦皆無所許晷心甚慕喜兄弟於是聘預女女家奕世富貴裝遣甚富晷侯家子而嘗布衣疏食躬耕壟畝女之歸也其父叔戒之曰棄華從質以諧夫子於是女乃奉父之敬甘淡薄躬辛苦晷甚安之相與耕織以給衣食事親讀書怡然自適君子以爲可比梁鴻夫婦

公孫夫人剡人失其夫姓名以節操聞鈕滔母孫氏爲作序贊序曰資三靈之淳懿誕華宗之澄粹奇朗

兆乎齠齔四教成於弱笄慈恩溫恭行有秋霜之潔
祇心制節性同青春之和敦悅憲章動遵規禮居室
則道齊師氏有行則德配女儀禮服有盈籩豆無闕
贊曰猗歟夫人天資特挺行高氷潔操與霜整性揚
蘭房德振玉瑣猗彼瓊林奇翰有集展彼碩媛令德
來緝動與禮遊靜以義立

宋吳翼之母丁氏女翼之永興人丁少喪夫不再行
性仁愛遭年荒分食以飴里中饑餓者鄰里求借未
甞違同里陳攘父母死孤單無親戚丁收養之及長

爲營婚娶又同里王禮妻徐荒年客死丁爲買棺器自往歛瘞元徵末大雪客旅斷行村里比室饑餓丁自出鹽米計口分賦同里左僑家露四喪無以瘞丁爲辦冢槨有三調不登者代爲送長子婦王氏旣寡亦執志不嫁詔表其閭蠲租稅

朱百年妻山陰孔氏女有高節與百年同隱詳隱逸傳

陳氏三女會稽寒人無兄弟祖父母年八九十老無所知父篤癃母又不安其室遇歲饑三女相率於西

湖採菱蓴更日至市貨賣以資養未嘗斷怠鄉人高其義多欲娶之長女自傷煢獨誓不肯行祖父母及父相繼卒三女自營塋爲菴舍居墓側

王氏女永興概中里人五歲得毒病兩目皆盲性至孝年二十父死臨尸一呌眼皆出血小妹娥舐其血左目即開人稱爲孝感

（齊）陳婺妻剡人少與二子寡居好飲茗以宅中有古塚每飲先祠之二子欲掘去母禁而止夢一人曰吾止此三百餘年賴相保護又饗吾佳茗雖潛壤朽骨

豈忘翳桑之報及曉於庭内獲錢十萬於是禱酹不輟陳年九十餘終

屠氏女諸曁人父失明母痼疾親戚相棄女移父母遠住紡舍晝樵夜績以供養及父母卒負土成墳感山人授巫術爲人療疾多愈家産日益鄉人多欲娶之女以無兄弟誓守墓不嫁爲山刼所殺

梁張楚媛僕射稷女適會稽孔氏無子稷爲冀州刺史州人徐道角作亂楚媛大歸適逢稷見害遂以身蔽刃先父卒稷見名宦傳

張彪妻天水人散騎常侍楊曒之女有容貌彪之兵敗還入若耶山也陳文帝遣章昭達領千兵重購之并圖楊比彪見殺昭達進軍迎楊拜稱文帝教迎爲家主楊便改啼爲笑但請殯瘞彪既畢還經彪宅謂昭達曰辛苦日久請甦過宅粧飾入屋遂割髮毀面哀哭慟絕誓不更行文帝聞之歎息遂許爲尼後陳武帝軍人求取之楊投井決命時寒比出之垂死積火溫燎乃蘇復起投於火彪見忠節傳

（宋）張孟珪妻會稽方氏女夫卒時子甫二歲方年二

十四遂守節終身

孟道淨會稽人許字章璘未歸而璘卒道淨誓不再嫁未幾兄嫂相繼卒道淨獨事父母無所缺撫兄遺孤二人皆成立

倪夢應妻諸暨孟氏女夢應爲海門尉早世孟刻苦不嫁教子孫以仁厚餘粟出糶必縮直十二三歲以爲常

張軫妻趙與婉諸暨人宋宗室女軫死義趙孀居教其子復敦事詩書

胡宗伋妻餘姚莫氏女通經學年踰三十擇配未嫁聞宗伋賢許嫁之姑有疾爇臂祈代鄉人爲作孝婦祠宗伋好急義莫副之無怠宗伋嘗挈莫就南宮試客久甚困莫以女紅助給衣食遭金兵犯闕倉卒南奔宗伋感疾艮苦莫勉之曰丈夫當強志報其弟姪書謂宗伋父子自恨儒生無可報國死生非所論其引義慷慨如此後以子沂貴封淑人宗伋沂俱有傳

莫子純母餘姚虞氏女幼習詩書既歸莫則力任粗作晝夜無所厭而高筆雅韻常在事外夫死焚約棄

責趣其子子純學子純發解南宮及廷試俱第一後子純連補外夫人無慍容常曰吾憂吾兒不及古人他復何覬子純見鄉賢傳

岑斌妻餘姚王氏女早寡或利其裝欲强委禽王曰是買禍也盡散以周宗鄘晚年子全登科有官有司欲上其節行於朝王令全謝止之卒年八十有二全見鄉賢傳

朱娥上虞朱回女幼失怙恃鞠于祖母治平三年二月祖母訴其族人朱顔顔怒手刀刺焉娥方十歲聚

執其衣知力不勝又仆臥而制之顏不得逞祖母賴以脫去顏怒霜刃累揮而手不釋遂斷其吭而死詔賜粟帛鄉人義之爲立祠熙寧十年會稽令董楷以配祀曹娥

劉安世母新昌石亞之女安世除諫官以母老辭母曰諫臣當捐身報國汝但好爲之若得罪流竄無問遠近當從汝後果南遷石欲與俱安世百端懇免不聽徧歷惡地母子終無恙

石公岩女新昌人宣和中方臘寇縣女被執紿曰願

容粉澤賊然之卽取剃刀自刎

張行先妻新昌王氏女早寡矢死靡他咸淳中以子
其貴封太孺人年百歲

王友任妻諸暨方氏女友任父厚之所積書籍甲於
海內友任爲南昌令卒子澹尚在懷抱方闢樓居藏
之嘉定中柄臣遣使者書幣指求再三竟謝不與

呂瓊妻新昌石氏女瓊逃元難溺死錢塘江石適歸
寧夢夫告之故且云側室吳今育男六指盍歸視之
石氏寤而駭愕徒走歸則生男矣果六指也既喜且

泣已乃得夫凶問遂哀泣撫遺孤與吳偕守

元俞新之妻山陰聞氏女大德四年夫歿聞年尚少即斷髮自誓姑久病風且失明聞手滌溷穢時漱口舐其目目爲復明及姑卒率子親負土壅之

李如忠妻山陰馮氏女名淑安字靜君如忠東平人仕爲武寧尹僑居越城初娶探馬赤氏生子任後娶淑安生子仕仗至大二年如忠卒淑安年甫二十七長子任乃率探馬赤氏之黨來罄其家資去淑安竟不渝志有強之者輒爪面流血因權厝如忠於蕺山

下廬墓哭泣鄰里不忍聞居越十六年至二孤有立始奉柩歸葬留仕奉祀東平攜仗還越白首無議

王子純妻山陰張氏女生子甫二歲純卒紡績自給無貳志

朱淑信山陰人失其夫名少寡誓不改適一女名妙淨以哭父喪明家貧歲凶母子苦節自勵邑人王士貴賢之娶其女

郁景文妻徐氏女蔡彥謙妻楊氏女俱山陰人居南池村至正十九年越州摧兵二婦被驅迫以行乃紿

兵日願歸取奩資縱之皆投井死

徐允讓妻山陰潘氏女名妙圓至正十九年與夫奉其舅安避兵山谷間遇寇斫安讓呼曰寧殺我寇捨安殺讓將辱潘潘紿曰若能焚吾夫則吾無憾焉寇聚薪焚其夫火方烈潘赴火死

徐愼妻山陰人王氏女至正十九年兵亂被執赴水死

張正蒙妻山陰韓姓女正蒙爲德清稅務提領母喪廬墓南池至正中大兵至正蒙謂韓曰吾爲國臣於

義當死韓曰君果死於忠吾必死於節遂俱縊女池孥年十七曰父母既死吾何獨生投崖死次女越孥晝匿山中夜守屍旁尋餓死趙經歷率衆瘞之

吳守正妻會稽禹氏女名淑靖字素清至正十六年從家崇德石門是年夏盜陷崇德淑靖倉皇攜八歲女登舟以避俄有盜奔舟淑靖抱女赴水死

馮道二妻會稽人不知何氏女至正末亂兵至柵頭執道二殺之露刃脅婦婦引頸受刃死

丁京妻蕭山吳氏女元季兵亂吳攜女仁孥出亡遇

兵於途將侮之皆不屈死里人立雙烈祠
楊伯遠妻蕭山西興王氏女至正間江水爲患伯遠
爲里正築堰不就日受責王氏痛之割股投于水沙
漲堰成因名曰投堰至今存
張鯨妻蕭山曹氏女生四子而寡年二十二貧不貳
志八十六卒
顧應法妻蕭山余氏女名守元夫歿時年二十五至
正三年旌八十四卒
吳世澄繼妻蕭山竇氏女至正間世澄爲兩浙運司

廣盈庫大使卒實年二十八生一子準守節不移撫育前妻子如巳出朝廷旌其門準官兵部主事

王琪妻諸暨蔡氏女至正中張士誠陷諸暨蔡避亂長寧鄉山中賊兵卒至道旁有造紙鑊方沸遂投其中死賊驅其從婢婢曰主母死我可驅乎賊怒殺之

張英妻諸暨莊氏女名淑貞至正十九年舉家避亂靈泉鄉巳而張寇攻新城掠之罵賊死英見方技傳

趙宜震妻諸暨郭氏女名靚元季之亂夫婦伏莽倉中數年始歸而宜震死郭年少苦節遺孤從師以練

布爲贄師辭之乃令孤致詞曰非此無以成弟子禮
苟憐死者而及其孤則請勿辭後疾革呼其孤曰爾
既有成我以得死爲幸
樓思忠妻諸暨斯氏女名𦣬字妙善元末避亂山谷
間師忠出負米羅鋒鏑卒斯年二十六後一年師忠
弟師實亦遇遊兵卒妻何玉年十八已師實弟師彰
卒妻陳婉年二十一從子珏又卒妻錢年二十九皆
不嫁人稱一門四節又有吳璟妻鄭貴澄璟弟璃妻
貴澄從妹貴深璃弟瑛妻黃昭從子儉妻斯氏亦一

門四節

李逼妻王秉逼弟遠妻阮貞諸暨人逼遠相繼夭歿元季遊兵掠境二婦避地紡績自給洪武十六年旌表雙節

韓孚妻餘姚黃氏女名妙權歸孚五月而寡以猶子賁爲後至正初上塘千戶曳刺知其殊色使媒者以權貴動之妙權叱之曰千戶受朝命衛民者乃欲奪寡婦志耶曳刺不敢復强既而方國珍有驍將葉其復欲脅娶之妙權操及劃檻曰敢越此戶議婚者吾

以頸血濺之葉將懼而止
姚孝女餘姚人適吳氏父早世母何養於女家一日母出汲水俄聞覆水聲女亟出視則虎啣其母女乃追掣虎尾尾脫因搤拳毆虎虎驚舍其母藥之獲愈奉母踰二十年卒
高義婦餘姚人初許張氏子巳而張病瞀云聽改卜父母將諾之婦涕泣曰何面目立人世耶卒歸張
王文榮妻餘姚張氏女名妙眞性至孝其姑老且尫祝曰願新婦如我壽且後多賢後生嘉閭兄弟五人

皆有才望初以高年耆德被殊旌後嘉閭貴復封太原郡君壽百有四歲曾元孫幾百人如其姑之祝云文榮有冢孫伯純亦娶張氏女年二十一而寡守志不貳與妙眞同日被旌

楊彥廣妻餘姚董仲安女名淑貞生子鎮甫歲餘彥廣死淑貞年十八以死自誓

柳氏二節婦上虞柳宗遠妻唐其婦陳也唐同邑子華女歸宗遠二年生子桂而宗遠卒唐誓無他志子桂長娶陳桂亦卒婦姑相守皎若秋潭霽月太史宋

濂爲作傳

胡妙端嵊人祝氏婦至正二十年苗僚掠之夫至金華乘間齧指題詩石壁赴水死

商淵妻嵊張氏女名貞時兵亂聞白泥墩有一婦掠于軍賦詩自經曰一旦危急當如此至正二十年兵至果赴水死

周如砥女不知何許人如砥至正中爲新昌典史避兵客僧嶺女年十九未適人被執賊曰我未娶當以汝爲妻女罵曰我周典史女也死即死豈能從汝耶

遂遇害

新昌崔恒妻天台徐氏女早娶至正二十年兵亂逃
牛囤山被執投井死年十八

張彌遠妻新昌謝氏女至正二十年兵亂不屈死

黃元珪妻新昌俞氏女至正二年歸寧值南征軍過
火其母家擁之去躍入火死

張滅妻新昌章氏女名孝行至元二年從其姑逃亂
崖芝山爲軍所掠不從遇害姑在叢棘中抱其屍慟
哭而絶

（康熙）紹興府志　卷五十四

明朱偉妻山陰馬氏女名德貞家病疫舅與夫皆亡姑張亦病篤德貞艱難侍姑姑愈母家欲奪其志斷指爲誓姑殁撫膺大慟翌日死

山陰周氏女年十九適蕭山汪欽欽兄弟五人俱夭殁獨父湛及母在夜有刼盗湛起禦之遇害盗盡掠其貲去周號泣曰貲不足惜何乃刃吾舅誓不與賊俱生挺身訴于官不獲則走奏京師衣不解帶者二年竟獲其盗二十人斬于市

孫妙吉山陰人適吳善慶善慶死孫尚艾無子持節

不易叔祖小觀納隣邑人幣將奪嫁之孫聞乃紿曰幸得供佛爲亡夫福小觀如其言孫沐浴更衣禮佛頃之走縊夫墓木而死小觀怒燬其屍覆瘞於上聞者嗟吁然其家甚微不能聞諸有司爲可悲云

蔣倫妻山陰戴氏女名毓齡早寡有節行既老鄉人欲上其事輒止之曰常事耳何煩官府

鄭翰卿妻山陰徐氏女翰卿出遊山西十年不返徐獨奉舅姑姑疾劇籲天請代疾遂愈後翰卿歸旬日病卒徐營殯畢嘆曰嚮不忍死以夫在耳今夫死矣

何以生爲絶粒七日卒
包愼妻山陰徐氏女愼死無子右族利誘其姑及其夫之弟欲強娶之不從其姑故投以艱事冀變其志徐知不免自縊死
吳曇妻山陰嚴氏女曇死無貳志子顯舉進士官刑部郎娶曲阜孔淑貞實宣聖五十九代孫顯卒于官淑貞扶櫬南還舟抵濟寧氷合去父母家數里許固辭不履岍比至顯家闔戶毀容苦節自終嚴成化間旌孔弘治間旌

周英妻山陰何氏女年十歲受英聘未幾英遘癩疾父母欲背盟女曰兒之不幸也曷敢貳志卒歸英後英竟以前疾死何堅操不改七十餘歲卒

徐文佩妻山陰鄭氏女文佩病亟囑鄭曰我死無子汝將若何鄭泣曰倘君不幸俟季叔有子即吾子也時季叔文彝之妻童始妊尋果子鄭喜撫褓示其夫夫以舌舐兒首遂卒明年文彝亦卒童與鄭共撫遺孤無貳心

范氏二女會稽人幼好讀書通列女傳長適江氏一

月而寡次將歸傅氏而夫亡二女同守節別築一垣圍屋數椽田十畝於內以自居種獲有時父率傭以入餘日則閉戶相對鑿灌田亦溝引而已如是者踰三十年復自爲塋於止水墩死竟合葬焉族人以其遺產立祠

宋允中妻會稽魏氏女年十六贅允中僅三日允中歸葬殁其家火之投骸澗水魏奔號就水拾骸瘞夫家圃中服喪三年父母欲嫁之則號泣欲自殺家人知不可奪然業已受他幣弟嚴爲之守比迓者臨門

守稍弛魏乃潛之圃中自縊死

吳氏女會稽人適庠生朱泰性至孝其姑唐病瘵而性頗暴時加箠撻常跪受已輙起進飲食驩如也自食麤糲布褐常不完而姑之膳藥極精好既而泰死無後或勸之他適輙號踊欲絶奉其姑益謹卒與姑相繼殁陶文僖重其節爲白于官捐貲創祠祀之隆慶三年旌

陳曙妻蕭山張氏女受聘後陳日寥落不能娶父將有異議張曰受陳聘即陳妻也寧死不願更夫後歸

陳未幾瘏卒與姑同寢一旦白姑曰天氣甚熱可獨
宿姑聽之是夕卽自縊于床距夫亡未三月也
蕭山徐黼妻晉江李氏女黼爲晉江訓導娶李爲繼
室未朞黼卒于官父憫其年少又未有子乃誘歸別
毋集諸姑姊懇留之遂圖自盡於是聽其行扶櫬歸
塟畢毀容自守撫其前妻子一元如巳出巳而一元
死撫其孫孫死又撫其曾孫勤勞白首不怠嘉靖十
四年旌
周本恭妻諸曁趙孟德女名淑少時父嘗授孝經列

女傳等書年十八歸本恭十一年而恭卒時値兵亂趙嚙指誓志挈孤從一媵避山谷間饑餓顛躋無貳心亂既定還家治麻縷自給夜燃松脂舉詩書口授諸孤其兄公亦早死而遺其孤趙撫之愛於巳子婚娶亦先焉後皆成立

酈浹妻諸暨馮氏女名寶娘適浹未數月浹卒馮年二十三以姪樒爲嗣苦志自守婢子有殊色人求娶馮亦命之辭曰願與主母同老終亦不嫁其後浹墓產連理木一株馮年八十卒婢亦年七十餘

吳氏女諸暨人年十六歸蔡溫明年溫歿守節八十
五年一百一歲乃卒
餘姚張員妻番陽進士徐勉之女能讀書鼓琴爲詩
歌適員員有奇節愛義好施家素豐饒後乃不給徐
入門未嘗以貧苦嬰情常與員終日淸坐取琴而彈
有遺世之心其姑年老被疾徐扶持保抱不少怠菽
水承顏甚得姑心姑每歎曰傷哉吾貧久矣然吾得
至今日吾子日熙熙而忘憂者皆子婦之力云
竇烈婦京師人餘姚姜榮妾正德中榮自主事謫判

瑞州適缺守榮護郡符有華林賊攻瑞城榮出拒戰城破賊入榮含寶匿其符被掠以行憂榮未知符所有郡民盛豹一父子亦在賊中求還其一人寶爲請賊許焉乃密語還者以符所且曰吾必死矣歸報官府毋我念行至花塢村見道旁有井佯渴求飲賊縱之遂投井死事聞詔表其門立祠祀之

諸仕俊妻餘姚舒慶女名貞年十八歸仕俊仕俊故以客授爲業既娶貞稍猶豫貞曰人將謂我何力贊之行行未兩月訃至貞哀慟屢絶即爲位朝夕泣奠

奠訖輒慟不自持若是者三月及仕俊骨歸貞親營
墳塋之時往展墓悲哀不忍去其姑念身已老家貧
恐後無依謀嫁之而其父母復受人重賂貞知不免
乃紿父曰俟吾薦夫畢惟父所欲適於是賣其衣裝
擇日治齋供供畢漏下已四十刻矣遣其母與姑俱
就寢沐浴衣麻衣以長衰結之而截其餘帶用素帛
褁其足取夫婦故所服御實一篋中內以火乃自經
焉俄而火熾衆驚赴之則貞已絕矣
吳江妻餘姚李氏女舅姑與夫俱染疫李周旋湯藥

旬日不少息既而舅與夫俱死家故貧經此兩喪愈益貧含哀紡績以養姑及幼子而已恒凍餒時年纔二十耳明年有黃某者謀娶焉其夫族吳琰者貪賄無耻人也黃厚賄琰使嘗其姑而以尊刼之不從琰乃陰與黃氏及父家約稱其母暴病肩輿迎李李倉卒升輿然非故道心疑之既及門非父家也姑亦尋至布几席逼之成禮李佯曰所以不欲嫁者爲姑老無依也姑既許之復何言然妾自夫沒未嘗解帶今願一湯沐又問聘禮幾許姑曰幾許曰謹藏之衆喜

具湯湯至求如廁久之不出闢戸視之則已經矣

滑鳳妻餘姚陳氏女歸鳳未期而滑賈荆襄間十一

年不還衆謂滑已死矣舅姑輙欲嫁之婦曰使鳳果

死婦當以死事舅姑鳳茍生還而婦已嫁婦固置不

論在舅姑亦何以解其子乃斷髮誓守鳳果還數月

而鳳復去無歸期方是時婦已誕一子饑寒辛苦未

嘗幾微怨恨正德十六年邑內大疫其姑疫且死陳

籲天曰妾夫客于外今姑遘危病妾聞人肉可療死

願刲肉以進惟天神黙祐俾姑更生得再面其子妾

死無恨遂以左股和羹進姑竟愈嘉靖三年旌

葛璋妻上虞蔡氏女年十七歸璋明年璋卒未三月里中兒屠其謀娶之其姊蔡妯娌也假他事紿與姊會屠從旁竊視之蔡覺哭曰何顏於人世耶奉舅姑夜膳畢沐浴服衰自縊死

莫潤妻餘姚沈氏女美儀容潤暴悍不能治生輒促其妻爲不義沈曰但有一死潤知不從乃陰與富者約改嫁之遂自經其前死

盧憲章妻上虞俞氏女年二十一生子女各一而憲

章卒後子亦卒誓無他志鄉有富室欲娶者俞聞郎
縊家人救之獲免復有陳姓貴者結其親黨以威力
脅之俞度不免乃紿入更衣竟縊死時鄰有金婦孀
居聞之亦自縊
孫孺人餘姚孫訓蕙邦直女少有女德年十八歸上
虞陳紹紹爲御史時有相秉權紹卒諸僚將昌言排
之以語孫孫曰此大丈夫事何可語我紹壯其義遂
具疏上之已出守韶州卒于官孫號泣扶櫬歸煢煢
孑立履不踰閫外親黨之卑者唯幃外肅揖未嘗見

其面如是者四十餘年

應源妻嵊錢信一女名宜字妙眞性專靜信一爲擇配以應源贅之無何源還父家以疾卒宜時年十九聞訃頓絕復甦者屢矣偕母往視斂哀毀欲死數日母促之返宜曰此兒家也焉返邪朝夕哭奠已而營夫墓即命造兩穴旣葬母促之甚不得已偕返母勸之嫁不可令隣媼諷焉又不可母强未已乃引繩自縊或覺而救之始聽歸夫家終其志無子以叔氏子則民爲後年八十餘卒弘治間旌

愈明德妻新昌董氏女明德世居芹塘幼失母繼母
任生弟懋德元末遭兵亂舉家徙龍潭洪武初明德
返故址而懋德樂龍潭之勝因家焉沮任不就行已
而董亟往寧任見奉養多闕歸語其夫曰養姑雖有
叔在妾與夫子俱違膝下子婦之心能安哉夫感悟
力迎任還任患聾董事之惟謹饘莫具羞膳必致肥
甘任卒殯斂塟祭之需皆備朙相之未幾明德卒人
有強言者董乃斷指自誓孀居六十餘年二子咸成
立曾孫欽舉進士歷官侍郎贈宜人褒其節也

唐方妻新昌丁氏女名錦琴生有異相頂蟠七螺髻涉書史洪武中方爲山東僉事坐法死妻子當沒爲官婢部使者按籍其家押卒覘中順欲挑之借其鬢梳掠髮丁即以梳擲地其人取掠之持還丁罵不受竊謂家人曰此輩無禮必送辱我不若預死之以全節也即日肩輿上道行山徑未半里至陰澤崖峭水深黑無援路丁忽從輿躍出赴水衣厚不能沉復從容以手斂裙隨流而沒押卒數輩驚救至則死矣年二十八今稱其處曰夫人潭

俞本清妻新昌胡氏女適俞時本清已喪明胡承順惟謹生四子然點默熛皆延師教之躬紡績脱簪珥以供費二孫逵適皆領鄉薦曾孫振才振英皆第進士

吳八娘新昌人父吳緡早卒未及笄母石氏泣謂曰我幸有孕若生男則汝父爲不死矣顧柰家貧何女奮然曰倘天祐我父使有弟願在家輔之不適人也後果生男遂堅守前誓母欲爲之贅壻曰有壻即有外心亦弗許終身不事粉澤日夜拮据不怠年七十

有六卒塟銅坑陳家塢人呼爲小娘塚云

俞僧妻新昌王氏女僧無兄弟而伯六子横甚欲七分其田宅僧父持之堅遂不通往來王歸俞始合卺婉之舅姑語之故王曰兄弟重乎財重乎乃往伯翁所行茶告願均分如命伯翁大喜置酒懽會後爲兄弟如初王勤治生十餘年伯産悉歸王

石孝女新昌人父潛宋編修石斗文七世孫也洪武末坐事籍沒繫京獄吳妻以漏版獲免依父家爲生時孝女在襁褓中一日潛脫桎梏逃歸匿吳家吳兄

弟權連坐遂殺潛投大窖中泯其屍吳含悽鞠女女
既長啓母曰我無父族何也母告之故女悲憤莫能
伸承樂初女年十六名閥競聘而舅氏主其婚以配
族子吳某女白母曰殺我父者吳也父之讐弗與共
戴天奈何又爲吳氏婦忍事其家廟邪母曰我不幸
先所天事不我從爲之奈何女頷而不答及星期已
屆治裝于歸吳族戚喜得婦方禮賓未畢女雉經室
中死衆皆驚愕詰其母母仰天哭曰吾女之死爲父
報讐也號慟數日亦死有司聞之爲治殺潛者之罪

丁氏女新昌人御史劉忠器之子婦也忠器居官廉旣没諸子不善治生家甚窶丁拮据茹荼卒不能支其夫欲鬻之丁不可夫潛受聘嘆曰婦有二夫大辱也乃扃戸沐浴更衣從容自經死

袁姒善山陰羊望村人父子純没於王事貲產豐給遺幼子一人宗黨利其貲者甚衆姒善方待年未字奮然願保其弟誓不適人盡稍散其貲以安宗黨及弟娶婦俞氏姒善喜庶幾振其宗未幾弟亡俞氏又亡姒善益勵初志綜緝家務不怠宗黨欲攘奪者籍

籍妙善曰立後將自定擇袁氏同姓者一人非世次不可乃子其孫邦傑家業自是益饒邦傑生二子次晟天順八年進士官御史

沈束妻會稽張氏女妾潘氏女束自徽州推官擢給事中尚未有子張自家爲置潘往焉舟抵潞河而束乃以抗疏方宿省邸中候詔潞河去京都六十里急趨入城則束已下獄矣張謂潘曰吾已矣汝年少且與主公未識面盍擇所便乎潘跪曰主公抗節夫人又苦志婢子獨非人乎因流涕沾襟自誓以死卒與

張俱守東在獄歷十有八年父年八十餘張數伏闕乞哀願以身代臣東繫令歸一省父皆不報家故貧有田十餘畝耳養父且不給張潘乃日夜力女紅用給橐饘甚不給則有鄉中老父具削牘爲泣貸於同郡宦京者然亦不多貸率以爲常久之會戶部司務何以尚上疏理海主事瑞有詔下以尚獄出東東出見潘問左右曰是昔日某乎曰然曰我當拜謝之乃再拜潘泣驚扶之遂同歸里東既繫久家益落張乃身執汲炊而令潘當夕隆慶初東起南京通政參議

不赴未幾卒竟無子潘無何亦卒
史立模妾京都馮氏女初立模娶于蘇生子自強既
娶夭乃置馮是時方爲行人也久之無子既而立模
以給事中謫通州判官擢蘇州府通判則又增置維
楊李李生子復殤而李自是病瘻立模不復御矣一
日立模受檄之他郡馮前請曰主君日驅馳王事奈
嗣息何此行度又再經旬盡召李立模揺手曰否否
彼已廢無已寧汝可耳則紿曰諾候立模既寢乃抱
持李置衾中去李遂孕踰年生子自上生之日馮親

爲噬臍愛護甚至後五年立模自惠州知府考績歸卒先是李巳卒其後二年蘇亦卒自上甫八歲耳諸宗疆睥睨物產時攘臂起馮以死力爭之又課婢僕有法家事不廢及自上從羣兒嬉遊則召撻之曰吾爲汝千辛萬苦始得汝今家運微史氏祀不絕如綫而若此耶泣與杖俱下是時邵主事德容方重於鄉因爲自上聘其女家業倚主事益堅自上後領嘉靖四十三年鄉薦仕爲平陽府同知有五子次子元熙萬曆二年進士江西僉事七孫

沈袠妻會稽胡氏女袠父贈少卿鍊見鄉賢傳初袠聘胡卜合巹有期而遘父難自塞上并逮兄襄及袠繫萬全都司獄中時鎮臣某啣鍊甚且逢時相意必欲置二子死榜掠數百獄不具則時時問二子寢食獄卒微知其意痛虐苦之時諷以死一日巳刻期令夜分具病狀上矣薄暮忽讙傳兩道官下視獄至則呼襄及袠出命且緩之襄等亦不測所以明日問之獄卒則鎮臣某者以給事中吳時來疏其罪惡逮詔獄未午荷銀鐺就檻車去矣襄等遂得釋然袠自是

遂病血匍匐扶父喪歸比服闋始婚胡年已二十七踰六月袤疾大作將不起呼胡曰吾累汝吾累汝胡曰有命自天向未婚時吾父及昆弟疑君有疾固逡巡我義不回今日實所甘心袤遂卒胡哀泣日夜不絕聲盡出奩具治喪事有他諷者輒斷髮剺面終日一室中即同產非時不見如此者二十餘年晚染疾家人將延醫胡告其父曰未亡人豈可以手令他人視哉初不云乎有命自天不藥卒年五十一無子以襄子某爲嗣

其他以節聞者有張拱辰妻施氏旌
錢伯顏妻張氏洪武間旌
姚彥艮妻俞元恭子體原禮部員外郎洪武末旌
孫華玉妻佘氏貧
呂聰妻田氏貧
張希勝妻錢昇
王曇妻俞貞廉
鄭谷霖妻周妙清貧無子
陳軾妻錢氏

金俊妻張氏貧携姑依父以居成化初旌

汪德聲妻謝氏子鎡兵部郎中姑疾割股成化間旌

朱士忞妻孟玉輝正德中旌

張旭妻錢艮潔遺腹子永言

陳周妻戴氏遺腹子魁

胡燦妻趙氏無子

宋如珪妻丁氏遺腹子茂傑

趙容妻余氏

潘宋妻王氏患瘵不治卒

沈宏妻傅氏

丁阿姑失其夫姓名無子止一女

祁鎡妻孟氏貧

繆禹卿妻濮閏英貧無子

周霑妻趙氏

周箎妻朱氏貧旌

陳潤妻胡氏

朱雷妻沈氏無子子夫兄子廷瑞

包濟妻周氏貧無子子族子楩

馮吉妻王氏孫景隆給事中以言被謫後爲王事萬曆十一年旌

俞思妻任妙英

張袁妻胡氏成化間旌以上俱山陰人胡夫袁會稽人

邵仲文妻張氏貧紡績教子子廉見鄉賢傳

金伯珣妻秦栢珍無子成化初旌

沈源妻俞氏成化初旌

金雷妻董氏貧無子撫其猶子于嘉靖九年旌

王鑑妻蔡氏貧無子嘉靖九年旌

舉人章秉妻余氏遺孤數歲夭撫猶子

曹繼祖妻馬氏

王之驥妻祝氏無子獨教一女端飭如其母

馬璸妻馮氏斷髮剺面子文顯訓導

章楷妻沈氏

胡慄妻祝氏

錢盛妻李氏斷指子浩甚孝

韓賚可妻薛氏子幼家無期親紡績以養姑姑疾割

殷

羅道妻庠生朱謙女無子立嗣子拱璧孫萬化隆慶二年進士第一後爲南京禮部右侍郎隆慶間旌

國子生王金妻張氏無子猶子爲嗣萬曆十一年旌

舉人葉應暘妻錢氏子雲礽後爲工部主事萬曆十年旌

董和妻姜氏子子行後爲御史

董能八妻黄氏無子俱會稽人黄夫董嵊人

丁岳妻汪嗣貞

毛京妻徐靖端
張惟寬妻洪福禎
徐元福妻張氏
衛軺妻汪妙瓊
王茂妻沃淑虔
庠生翁堯妻蕭氏子五倫福州知府
徐堯卿妻李氏嚙指斷髮俱蕭山人
楊敏妻齊妙觀
余獅妻曹氏斷髮嚙指嘉靖中旌

徐溥仁妻洪氏俱諸暨人

孫元吉妻陳妙善洪武末旌

魏仲孫妻霍妙清正統間旌

滑志能妻汪德清貧無子天順二年旌

邵宏學妻汪氏旌

史錦妻楊氏無子子猶子鵾弘治間旌

徐逯妻祝氏無子撫幼姪旌

王忠妻陳氏忠補江庠生嘉靖十三年旌

胡鏜妻贈少傅謝瑩女少傅遷姑弘治間旌

徐遜妻張氏旌

黃忠妻周氏有遺腹子旌

吳天祚妻陳氏旌

毛睐妻御史潘楷女大疫堅不出戶卒無恙旌

胡悅之妻黃金蘭子鐸太僕寺卿見鄉賢傳

楊芸妻薛氏芸景泰七年舉人天順中試禮闈焚死

弘治間旌後以子簡貴贈孺人

謝遜妻陸氏無子以文正公子丕爲子丕吏部侍郎

嘉靖間旌

徐文元妻章氏文元正德三年進士貧無子嘉靖十三年旌

聞人才妻黄愷女才弘治五年舉人有前妻子旌

諸永言妻鄭氏孫敬之僉事嘉靖十九年旌

魏朝龍妻御史孫衍女無子爲夫立後

潘秉彝妻徐氏

黄綺妻范氏

余乾妻施氏嘉靖二十九年旌

史鸞妻陳氏鸞弘治十年舉人都御史琳之子嘉靖

十九年旌

任正妻潘氏子春元御史刑部郎中嘉靖四十五年旌

邵潮妻鄒氏旌

張一致妻蘇氏旌

邵童妻陸氏旌

韓塤妻項氏塤邑庠生貧無子立兄子銀

翁璧妻錢氏貧無子紡績以養姑姑性嚴稍時譙呵之知縣鄧林喬白學憲給湖田四十畝復爲勢家所

俱餘姚人

俞宗琳妻章氏子盛正統間旌

張廷楊妻陳氏正德間旌

葉廉妻祝氏正德間旌

成孟吉妻唐氏

管智妻司馬淑貞

吳德民妻竺貞

徐彥能妻金氏猶子爲後三十年不歸寧

林顯妻周氏俱上虞人

謝源妻袁氏子廉河南參議旌

姚仍妻孫氏

鄭金妻宋氏

尹琦妻趙靜真

喻通妻王氏無子姪爲後俱嵊人

王廷玉妻石氏

石十嘉妻吕清明學博不用女

何遵道妻吕氏魏文靖銘其墓

張墠妻章氏

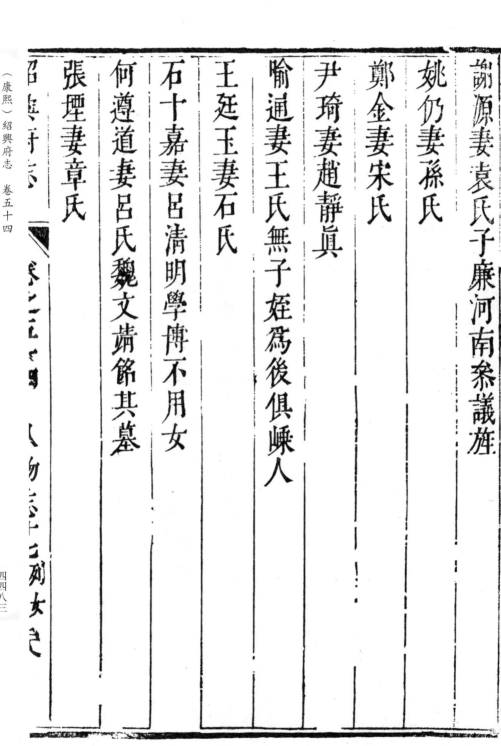

俞鉦妻王氏

石潩妻吳氏

贈尚書呂廷安妻張氏無子子夫兄廷圭子世艮系

光洵工部尚書見鄉賢傳嘉靖間旌

章懷德妻張氏無子嗣子復不肖

陳晔妻呂氏

張懷經妻袁氏

劉時清妻嚴氏

張伯蘭妻丁氏俱新昌人

其夫亡以死殉者山陰余亨妻會稽朱氏女無子投
河死
蕭山鄭璽妻魏德盛文靖公孫女欲死家人閑之嚙
無名指出血風中其患處死幼時父疾嘗請以身代
後旌孝烈
來志妻何氏志溺于江何六日縊于床
諸暨章瑜妻傅氏投井死
餘姚庠生徐士觀妻孫氏三年之喪畢不食死
上虞孫景雲妻鍾欽禮女景雲任玉山知縣卒於官

孫自經死旌

嵊羅某妻黃氏夫弟逼之自經死

未嫁守節者山陰包孟貞許聘高恩袁衣往弔誓不嫁年八十餘卒

蕭山孫氏女受聘葉氏自盡

諸暨孟蘊許聘御史蔣文旭聞喪即歸蔣氏旌

餘姚呂少傅本女受聘舉人謝用樸少傅遷孫不嫁卒

一門雙節者山陰張衞妻孔氏衞從子遜妻錢氏

陳溢妻沈氏溢從子鎣妻亦沈氏

朱濤妻胡氏濤弟瀆妻張氏濤無子以瀆子森爲嗣

陳鑰妻金氏子滋妻吳氏滋無子以族子爲後

會稽胡詡妻山陰倪福淨弘治中旌猶子憲妻同邑

章妙貞嘉靖九年旌

胡某妻宋氏子止善妻楊惠靖洪武九年旌

金勝宗妻陳氏遺腹子志清妻張氏

蕭山王渭妻胡氏遺腹子坤妻某氏坤三子

諸暨舉人駱黼妻錢氏黼從孫宗廸妻鄭氏旌

餘姚王紳妻范氏紳弟綺妻鄒氏俱嘉靖間旌

顧蕙妻高氏蕙弟蒞妻王氏各有一男旌

王㷍妻陸氏㷍弟炷妻陳氏陸遺腹一子陳無子以

炷弟之子爲嗣俱嘉靖十七年旌

上虞盧用濟妻陳氏嗣子伯寧妻樊氏

嵊張彥聰妻范佛壽彥聰弟彥名妻錢德善洪武間

旌

盧允中妻許氏允中弟允端妻黃氏

新昌張舜士妻董氏子尚才妻石氏

潘憲榮妻王氏憲榮姪孫昜之妻石氏

三節者諸暨俞瀟妻童氏瀟弟滋妻趙氏滋弟潤妻

金氏俱旌

上虞陳臻妻龔氏繼子國華妻沈氏國華子文奎妻

馮氏俱旌

山陰庠生俞泮妻馮氏子丕妻錢氏孫庠生廷用妻

婁氏按馮氏七十三卒錢氏五十卒俱萬曆十三年

旌婁氏二十五而寡年四十貧未旌

五節者餘姚汪錦妻大將氏汪桓妻宣氏汪材妻小

符氏女吉媛汪季妻夏氏嘉靖三十二年遇海寇俱不屈赴水死

庠生吳克玥妻周氏山陰人早寡栢舟自矢延師課子見其成立歷盡苦辛以壽終鄉黨重之

太學生胡圻妻倪氏會稽人圻卒于京聞訃欲殉躬元璐勉以撫孤苦節終其身孫濬郡諸生

胡東昇妾魏氏任鵬妻某氏黃稔妻章氏黃國宗妻應氏俱餘姚人

會稽蘁昌十七妻鄭氏

山陰庠生劉澐妾李氏嫡毋徐遺孤校方在襁褓氏撫之按膝燃火抱懷爨竈身歷六世壽至百歲校及孫燕俱諸生繪其像以識不忘蕺山爲之像贊

儒士羅光顯妻劉氏山陰人光顯性喜讀書慷慨任俠甫婚二載而歿鮮兄弟乞之子嗣氏奉舅姑称其孝養及卒喪祭盡禮苦節七十餘載御史羅元賓題旌

儒士言祚庚妻丁氏山陰人年二十夫卒遺孤偉八月撫之成人孀居至八十四歲諸孫林立矣

陸坦如妻章氏奉事繼姑曲盡婦道早寡伯叔利其

產紛紛攘奪氏惟紡績訓子嘉俊苦節三十餘年

施鳳翥妻張氏會稽人年十七夫卒子殤至九旬卒

山陰民王邦妻孫氏夫卒獨居小樓壽至九十餘歲隣火延燒子天五年七十奔樓救母梯斷俱焚死次日覓屍于灰燼中子猶負母不解良可悲也

山陰丁元勲妻潘氏蕭山人年十九歸丁夫爲寇害氏識其屍慟哭殮之又爲立嗣苦節至五十五歲卒

山陰金門三節者曲江丞金廷瑞妻鄭氏金緋妻譚氏爲夫報仇殺賊金絰妻朱氏俱早寡苦節撫孤

蕭山孝廉魯艮驥妻金氏早寡無子苦節終

山陰潘五鳳妻胡氏遺孤六月撫其成立以壽終

陳敬山妻張氏會稽人早寡苦節至七十九歲遺孤三人長子成魁極其孝養弟妹婚嫁俱力爲之

薛允勛妻孟氏會稽人早寡苦節事姑咸登上壽

會稽庠生陳啓新妻俞氏早寡苦節善事舅姑

象山婦兵掠至錢清禹會橋赴水死居民獲屍衣袂盡皆縫紉具棺塟之歲時致祭題爲象山烈婦云

會稽黃朝輔妻謝氏寓居三江遇兵赴水死

王啟錫妻吳氏會稽人早寡撫孤始祖宋大儒王佐墓在竺里山爲人所侵犯氏命子之浩力訐之千年之墓完于一旦氏知大義又在節操上也特爲志之

會稽金應寵妻丁氏早寡撫孤珽玫成立玫爲諸生氏苦節至六十四歲猶及見其孫鏞能文云

山陰陳賢十一妻沈氏早寡撫孤苦節五十餘年

會稽朱大有妻何氏廣東人大有以樵採爲業被虎傷氏搏虎奪骸歸葬事姑存三歲孤以苦節稱

姚士錫妻王氏年二十寡家貧以女工自給上養舅

姑下撫孤子以節孝著名鄉黨

郁遠妻石氏適遠生一子而遠卒氏年甫十八嫡欲嫁之氏誓死不可所遺家財嫡盡歸巳子氏棲破屋半壓含辛鞠其子至成立年七十餘卒

山陰江橋有烈女祠祀王貞女沈節婦又有金一寵妻黄氏邵鈿妻蔣氏邵奎妻徐氏皆勅旌立祠

邵二姑許配張某張留京師不歸家人欲更嫁之姑絶粒死

山陰沈嗣鑒妻俞氏徐良生妻嚴氏徐艮輔妻何氏

王觀洲妻佘氏會稽倪濟妻趙氏皆早寡苦節終身

會稽朱宇周妻楊氏夫以株連繫獄氏聲寃莫雪自經于杭州當事聞之宇周得出獄終身不娶

郁士淇妻王氏年十九孀居家貧無子撫一子承祧年五十九卒

陳元隆妻范氏夫早卒止遺一女勵志守貞訓女全婦道姻黨咸稱之

章某妻某氏夫未弱冠夢魘死氏茹苦擇嗣成家人稱其難

陶履中母高氏兆宣指揮女因父被冤救父歸陶年十九而寡履中方在襁褓氏苦節至八十餘歲累封恭人子孫遶膝者數幾盈百人以爲孝節之報云

謝錫袞母吳氏會稽人寄居薊州夫早卒遭兵亂家貲盡罄拮据完葬事姑撫孤備極艱苦茹荼三十餘年及卒無他言唯以報恩忘怨爲囑子錫袞歷官南昌同知每一言及必流涕曰非我母苦節教子曷克至此罔極之恩何日敢忘也

山陰儒士張聖任妻吳氏太學生吳本仁女幼習經

傳十六而字歷五載而寡善事嫡庶二姑並無間言及耄舅多病尤喜其孝敬其課子若孫更嚴而有禮卒時人皆哀之

金起雲妻孫氏山陰人早寡家貧無子苦節終其身

山陰庠生吳振先妻錢氏早寡課子艮駿成進士任提標驍騎值山寇竊發援勦越城有保全功遷台鎮累著奇績孫焜刲股愈祖母疾皆天之報氏苦節也

會稽周伯英妻金氏先後刲股愈父母疾于歸後刲股救夫不效遂斷指自矢終無變志以孝節稱

紹興府志卷之五十五

人物志十八

列女後

諸娥山陰人父士吉洪武初爲糧長有黠而逋賦者訴士吉于官官骫法論以死及二子炳煥皆罹罪娥年方八歲痛父兄陷獄晝夜號哭與舅氏陶山長奔金陵期籲情時有令凡負寃者非臥釘板勿與勘問娥以身輾轉其上幾斃事聞勘之僅戍其一兄而止娥竟以傷重卒里人哀之爲肖像配祀曹娥

山陰庠生劉坡妻章氏坡早亡章有娠方五月得一子名宗周家固貧困章紡績撫孤米不給嘗飲水而卧及依外家未幾以舅孤子且老疾章歸事之析薪荷汲持藥糜伺息望顏未嘗惰者三年而子宗周體質孱瘦章每每憂念不置遂致疾然以貧故忍勿療治宗周登賢書誡勿干戶外事貧如其素旣而宗周隽會試放榜日章卒于家聞者悲之後建坊旌

趙嘉彥妻孫氏山陰人嘉彥期入京死于途孫聞之絕食十四日卒萬曆間兩院檄縣建祠祀之今祠在

北小路

王慕貞山陰王子淸女幼喜讀書父許字劉志學劉故蕩子未婚客燕十餘載不返移書令王他適王不可及劉客死父母議更聘女泣云劉有姑在瞽雙目以乞貸度日矣世豈有聘媳二十餘年不得一日之養者乎乃侍其姑七年姑沒守墓數月忽得微疾沐浴焚香端坐卒時盛夏尸香徹里許邑令躬往祭奠後巡鹽使者捐貲建祠同沈烈婦祀之里人劉宗周爲之記

林大茂妻沈氏山陰人隨夫京邸夫愛樗蒲廢家業沈處之怡然夫病侍藥飲無傾刻離旣而謂曰子死不足慮第念爾無子苦隻身耳沈泣曰尙復何慮君第先行妾且隨君逝矣殮夫畢絕飲食而卒中城董御史捐金建祠同貞女王慕貞祀之崇禎間府尹劉宗周有記

胡墊妻孟氏山陰人墊嘉靖間處士屢試不售賫志沒孟年甫十九無子繼伯氏子茂爲後紡績事姑歷數十年親黨不聞其笑語郡守旌其里曰貞節之門

四世孫昇猷成進士

朱縉妻姚氏山陰人縉嗜酒失業并其妻議鬻予宦家將行姚覺之恚曰吾儒家女柰何蒙嫌至此遂夜縫裾袂以蔽其體抱石沉河死郡人爲立碑竪于故沉所

劉晉珊妻馬氏山陰人晉𤨏以客遊死馬年二十許家無立錐伯氏餘破樓遂與母寄居之朝夕勤十指棲于樓不下梯者十餘年常以一瓦盆貯土足附之隣婦問其故曰吾以踐土氣耳年六十五卒

孝子陸尚質妻李氏山陰人萬曆間尚質父登舟爲海潮所捲尚質從岸躍入水救父父活尚質死時李年十七未合巹聞夫死孤守終身

陳大熙妻秦氏山陰人夫死誓守節父母欲奪其志秦自縊死舊有旌表以無子遂失所記

朱貞女山陰朱憲女幼許周沔沔未婚而卒朱聞之往侍喪剪髮以誓終身遂撫姪爲子惟事紡績自給足不出戶偶患疾爲延醫診脉辭曰夫未按吾手豈容他人近乎不許壽七十一卒臺使者旌其居閭鄉

周浩撰節孝傳

周志高妻章氏山陰人適周踰年志高死章以夫兄之子崇禮繼祿之里人劉宗周傳其節孝崇禎閒子崇禮爲滎陽縣尉殉流寇難賜祭有捐軀報國功在滎陽

俞栢妻施氏山陰人孝謹性成栢早世施年二十七守節勤家備極艱苦撫一子六孫課讀身親之並遊庠隆慶初施年八十一時郡邑扁旌特重其典惟施屢加優異

葉文傑妻徐氏山陰人文傑死徐撫孤守節親屬貪其産逼以改醮搆媒刼之徐乘夜加禮服越牕而出投河死崇禎間督學使檄縣致祭

趙貞女名遼山陰人幼能讀書善臨池家素饒父爲置粧豐甚許俞姓及笄郎病劇姑利其粧促之就吉趙入門姑令一女子扮郎親行禮訖忽聞啼哭聲尋告以寔趙易服畢喪賦詩七首有云簫鼓未完鐃鼓張畫堂方掩孝堂開旣而趙與俞俱貧落趙以針指營饔飧五十歲出訓女蒙年六十卒

張儒姐山陰人幼時父許于王耀基未娶耀基卒裝

至而哭之遂以爲家食貧數十年卒

包孟貞山陰人許配高恩恩死包衰衣往吊不改其

志年八十餘卒

馮安貞山陰人許字王宗仁未合巹聞夫訃往殯之

張閔而身死妹恭貞許字庠生阮廷諭亦未婚廷諭

死于京喪歸恭貞守志終其身二貞皆貢生祖義女

黃艮軒妻商氏苦節與　孤建坊旌

沈伯燓妻王氏山陰人甫婚經數年伯燓病瘋手攣

髮墜時王及笄父母難其歸意將變矣女問父沈病
如何日乎父曰初許時固佳兒郎今乃病作女曰諱
病求婚負在彼既許而疾命也違命不祥竟歸之伯
樊病且僊奉事無少怠居八年伯樊死嗣其從子出
簪珥佐其舅買妾生子踰年舅姑相繼亡王撫二幼
叔爲手食之守節終有坊旌
庠生祝汝棟妻徐氏山陰人年十八于歸逾七載而
寡孝于舅姑勉子力學遊庠崇禎間有旌里人倪元
璐序其節孝孫弘坊康熙庚戌進士

吳邢璿妻傅氏山陰人邢璿遇亂有職守知不能免囑其妻從間道去傅曰豈不能先死遂吉服自縊

葉廷筌妻朱氏山陰人歸葉一載有一女夫遊學粵西卒于途朱抱女投河宗長拯之有親欲奪其志能毀容完節巡按御史屢給粟帛恤之

庠生茹光習妻胡氏山陰人母疾無可療籲天求代及歸茹事姑如其母姑疾篤願以已壽益之尋卒

國子生何光造妻沈氏郡守沈大綬女也年二十而寡子其賡甫生九月氏矢志柏舟造次必以禮事翁

姑孝謹析產甚薄躬勤操作以奉甘旨俎豆豐腆備
至治家凜凜有法親黨咸則之課子成立孫旅貴顯
其他以節聞者有監生陳樞妻高氏萬曆間旌
徐鏜妻金氏從孫慶妻尹氏皆苦節而卒
陳幼學妻馮氏有氷霜節孫景仁進士
庠生陳至謙妻張氏年六十四卒
金有德妻錢氏卒年五十二倪元璐黃道周爲之傳
陳大綺妻婁氏以壽卒子篋言壬午舉人
俞大逵妻曹氏年八十一卒

金大紳妻祝氏年二十三大紳卒遺孤前三歲氏姿
容長號誓以身殉姑王氏百方淚諭勉以死節易存
孤難勉從姑命忍死撫孤家貧落又遭回祿朝夕饘
粥出自緝紡獨處一小樓嚴峻自持非蒸嘗祭祀家
人罕覯其面享年八十六卒曾孫蘭題請建坊元孫
僉樞妻魯氏年二十八樞卒號慟悲哀子焯纔六齡
又舉遺腹子煨苦節三十一載而卒
周方藴妻吳氏生襄緒甫九月與方藴相失身罹顛
沛備歷艱辛皂衣糲食孤貞自矢寒一鞾暑一筐課

子無間積憂病殞康熙戊申事聞建坊旌表

陳其升妻潘氏年二十六而寡姑性嚴毅事之甚謹子士俊甫六齡教之成立猶及見其孫可畏成進士至九十六歲而卒臺使者特疏題旌

陳懋妻石氏年二十八而寡撫孤文俊文秀皆成立至九十五歲而卒孫輩俱以孝行聞學使旌之

周日禮妻楊氏許大化妻趙氏王應爵妻蔡氏徐大化妻李氏徐道祿妻董氏嚴文貫妻王氏皆因山寇竊發同時殉節里人合祀于西巫山穀祠

畢禹圖妻謝氏年八十一卒

龔大器妻曾氏

龔邦柱妻裘氏以孫尉貴累贈夫人

王大杰妻裘氏年八十九卒

沈煥妻張氏無子卒

許三聘妻潘氏撫遺腹九十六卒

陳核妻徐氏

庠生劉繼曾妻汪氏年七十六卒學使胡琳爲之記

經歷俞弘和妻高氏

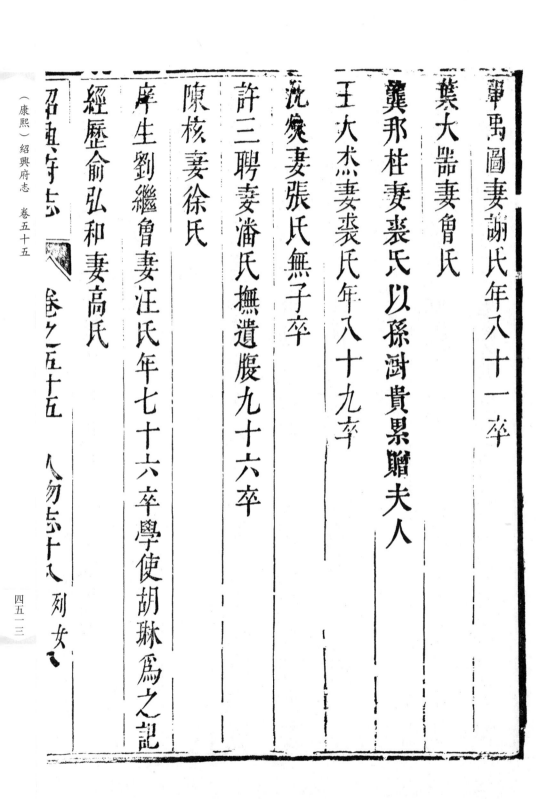

高應科妻李氏子岡妻趙氏崇禎九年旌

庠生張孚妻何氏

包懋統妻王氏

皇清胡一言妻張氏山陰人夫亡張年十九有娠五月生子名拱樞身紡績以課之順治間拱樞任北城兵馬副指揮孫兆龍進士官吏部左侍郎屢有誥贈年七十六卒建坊旌

庠生駱元裕妻俞氏山陰人幼嫻詩書年二十五而寡遺孤甫五月髫齔時旣就外傅俞發遺書每夕親

課之必講解而後即安且訓之義方力學取友後以
子復且貴
封孺人年六十三卒康熙十年建坊旌
鄖陽副將胡廷聘妻許氏山陰人順治四年楚寇亂
被掠許不屈抱石投金魚河死十三年鄖陽胡治院
疏題建坊旌
何家婦徐氏山陰人土寇發徐携女長姐避山中遇
賊至欲辱之徐罵賊賊以刀刺其腋不屈賊抱女以
去徐張目呼曰有死而已無被辱女應聲必不負吾

母也賊亦刺之俱不受辱而死

庠生茹芳妻倪氏山陰人年十七歸芳芳與武弁有隙以兵至芳遁掠倪及其子女倪與姑泣訣曰身惟一死斷不貽清白玷弁迫脅之羈空房房臨麗公池倪以針線縫襦膝抵暮越牕出投池而死

周振躬妻徐氏山陰人順治初越地新定土寇出沒居民率匿水鄉徐亦附焉忽聞有衆至日事急矣爲節爲重抱兒赴水死次早屍浮出猶堅抱其兒

丁乾龍妻張氏山陰人篤于孝幼慕曹娥殉父事懸

像禮之後適薛以孝義課子成立及父遊濟南卒張
踰數千里赴之一慟不復甦子景運貢監教習任子
其他以節聞者有唐克信妻趙氏子九經進士趙年
七十二而卒順治四年建坊旌
王資德妻徐氏
高萬善妻馮氏
庠生劉宗棋妻楊氏家貧以糠粃作食課其子遊庠
陶學淵妻謝氏無子
趙艮玉妻余氏歸趙年餘遺孤甫一月恐死守節

俞一和妻馮氏康熙十年有坊旌

王汝華妻包氏庠氏包梧女十七于歸十九而寡家徒四壁紉衣爲生孝養耄姑至百歲有友姚允莊使義擇宗人五歲子業滙爲嗣撫養成立子亦以孝稱

庠生翁嘉亂妻胡氏亂贅居于胡及期省親京邸遂病卒氏年二十雖未及翁門甘爲翁亦毀容滅性數日不食父母以舅姑在邸多方慰之氏乃擇繼子之亮爲後訓誨嚴切無間寒暑毋病籲天刲股暈絕復甦舅卒扶舅喪及夫櫬歸葬里人皆稱其節孝

庠生沈翼范妻謝氏年十八歸沈事舅姑以孝聞姑
殁逝幼叔幼姑俱撫之成立夫病卒生子甫週號慟
不欲生舅勸撫孤乃止課子鼂嚴苦節七十餘年子
開治孫振世俱以文學有名于世
朱振伯妻張氏家貧有厮卒慕張顔色誘其夫貸金
後無以償遂勒書買妻券券成即來舁婦婦紿卒去
至晚抱乳幼兒拜辭姑于門外束髮縫衣赴水死明
日浮屍水面時酷暑停七日面色如生
庠生陳應魁妻曹氏年十八而寡遺一子秀彦在襁

孫氏教之成立守節至六十餘歲巡按旌其門

劉重妻吳氏二十七而寡有遺孤忍死稱未亡奉養舅姑惟謹苦節三十餘載鄉人稱其節孝

杜文達妻何氏未字年十六歲丙戌適山寇至邑山懼爲所污投河死

沈元肇妻高氏十九而寡奉姑孝謹少言笑持長齋終身不著色服刲股愈姑疾訓子師范成立遠近皆以節孝稱知府何源濟手書旌曰栢節松齡

劉奇妻馮氏十九而寡撫孤成立苦節四十餘年

沈仲蔣妻祝氏方于歸夫卽病卒以處女終

沈冉范妻朱氏年十七成婚未踰年刲股療夫疾不愈繼伯子五槃爲嗣守節四十餘年

庠生趙自成妻金氏歲壬午自成就試北闈卒于京先數日夢夫歸告以病故欷歔如永訣氏驚悸至京飲食比計至哀慟仆殞誓以身殉舅姑勉以撫孤爲念因拭淚飲忍畢志中饋以奉舅姑遠近咸以孝稱守節四十餘年而卒太史毛奇齡爲之立傳長子容以軍功加左都督次子寧以軍功授同知

庠生張應芳妻陳氏年十六歸應芳早寡姑林氏雙目失明艱于步履不離牀第氏奉之甚謹歷三十年

庠生王士璉妻錢氏年二十七歲士璉卒苦守三十餘載郡守何源旌其門

沈毓秀妻倪氏十五于歸止生一女氏翁及夫俱客死氏扶柩歸葬栢舟自矢久而彌肅女適施迎養盡孝張三畏旌之

吳鳳翀妻馬氏維陛妹早寡苦節終其身

厲氏女許字陳洪濛而洪濛不知所終有欲奪之者

再女誓不從苦節五十餘年終其身爲處子

吳大節妻俞氏丙戌六月遇兵恐相犯同毋沈氏自

沉于龍華潭毋年三十六女年十七大節終身不娶

庠生胡世賢妻朱氏年二十九而寡獨居一小樓紡

績奉姑嚴毅教子歷三十二年卒建坊旌

馮可信妻王氏早寡守節三十四年卒郡守旌

何嘉仍妻錢氏年二十夫卒投繯者三力救乃免時

值兵燹利刃自衛以誓必死三十八年如一日題旌

沈庠妻曾氏年二十夫卒無子一女適潘亦早寡與

毋同守年七十歲卒

楊大津妻王氏大津病篤語氏曰既乏子女又鮮居產無慕廬名苦守也氏以死誓遂守節四十餘年卒

宣玉妻金氏二十一而寡撫孤遺腹子元仁成立守節至六十歲而卒

趙貞女高惟艮聘之艮年十八未成禮而死貞女侍喪無貳志期年卒

郡庠生唐瑾妻陳氏早寡苦守遺腹子子佐能以孝養至六十餘歲而卒

俞應衡妻周氏撫遺腹八十四歲終

陳澍妻胡氏澍早卒僅遺一孤有棫氏勵志督課之甞曰四窮之中唯孀居最苦因捐產置宗祠量爲周給又脩北塘通衢瀕堰環橋一帶皆其積累而成苦節三十餘年卒

施元魁妻張氏年二十二元魁卒家貧氏勤針指以供舅姑撫孤子應璧應星俱成立苦節終其身

太學生王漢妻張氏早寡撫藐孤成立建宗祠制公產皆氏之教也孀居六十年郡邑屢旌其門元孫錫

夔妻龔氏年二十五而寡哀毀數年而卒其訓子遺命可謂不愧高曾云

沈衮妻韓氏王三重妻傅氏謝啓文妻陸氏及妾馬氏譚贍明妻錢氏胡明試妻丁氏胡德隆妻龐氏胡懋賞妻王氏謝應京妻王氏劉廷輔妻薛氏俱以節稱

李氏女山陰人年十六歸太史朱兆栢生一女崇禎甲申闖賊陷都城兆栢里居聞變悲憤成疾卒時李年十八生遺腹孤嗣避亂入深山月易十餘處嘆曰

董氏婦嘗爲董氏𦊆父母朝夕守之絶飲食卒太史
陶望齡有詩讚
沈壽姐會稽人年十八母早殁父以貿易出依寡居
伯姆呂氏呂適歸寧姐過其從伯姆張氏以宿夜有
狂且促欲犯之姐驚駭大哭張慰之曰此誤也姐不
言所以次日服滷死劉宗周爲之傳
單悳妻金氏會稽人安慶遊擊單方美媳遇兵難脅
之不從遂磔之磔時無啼號聲惟閉目念觀音大士
而已兵有以其肉爲戲者歸而譫語死金於磔所顯

爲靈神禱者輒應

陳孔教妻孔氏會稽人崇禎末孔教任四川僉事以獻賊破蜀死子以衞匿其狀不與母知踰二年始知之哀號殞地遂引匕首斷喉死

舉人葉汝蒕妻某氏會稽人汝蒕聞甲申寇變赴水死妻亦同之

平昇妻馮氏會稽人昇爲寧晉縣丞卒於官家無積貯馮年二十五堅志守節撫三歲遺孤後力學有成

蔡貞女會稽庠生余金聲聘之未婚而金聲歿貞女

截髮自矢爰成其志　遂歸余苦節終身
其他以節聞者有陶尚文妻秦氏祭酒陶望齡稱爲
壯節強志
陶尊道妻李氏陶望齡欲求旌之一年以貧儻不願旌
王朝京妻倪氏苦節建坊子鑾孫望久以孝附坊
商周禮妻祁氏有坊旌
王萬栢妻奚氏撫遺腹以節孝著孫士驥進士
錢珠妻張氏年九十六而終
袁祉烈妻高氏子顯襄今舉人

陳文錦妻李氏年九十九卒

金侶仙妻宣氏年六十七卒陶奭齡有傳

董栗妻樊氏陶望齡有傳

章旻妻戚氏家貧常斷炊或餽遺之

章懷仁妻陳氏劉宗周傳其事

馮秉忠妻魯氏壽百歲而終

庠生章以裁妻童氏孫貞進士

庠生張汝爲妻陳氏有坊旌子焜芳進士

庠生倪元瓛妻胡氏有坊旌

皇清總督學士沈文奎妻陳氏會稽人年十八歸沈方六載文奎遊遼化久之傳聞以兵燹死陳見弟强之改適乃截髮誓無貳既而貧益甚夏不能帳冬不能襦日啜一粥忍死守之文奎從駕入關已逾十八載重逢出於意外壽封淑人卒年六十一

袁大琰妻沈氏未字時值兄文奎從龍遠出母遘劇疾告救獲痊于歸袁氏夫早卒守節撫孤人無閒言

九江同知陶士章妻章氏會稽人戊子年土賊肆掠

居民多出匿章以貧無舟匿於近鄰盧賊至兒啼虜
下賊曳其髮出欲辱之章且駡且哭賊脅以刃奮身
觸刃死
童汝茂妻陶氏弟緋妻章氏弟綜妻亦章氏及妹二
皆會稽人同舟避寇寇至陶奮身投河四人同之次
日得屍猶握手不解
庠生王嶙妻張氏會稽人嶙苦讀早亡張絶粒而卒
任氏王姓妻會稽人守節三十餘年有狂徒以非禮
犯自縊死

沈與參妻王氏會稽人參以戶部倉塲辦事偕居京邸參亡有謀娶者鄰媼餂以言王冷笑不答丙午年五月十九日夜縊于夫柩側司庚白侍郎爲文祭之

庠生陳肇新妻楊氏會稽人家瀝海城北枕大洋丙申年海未靖每登岸焚刼時肇新客江南楊子身苦不能避猝遇警投井而死

林占春妻姚氏會稽人歸林三載占春亡痛哭欲自盡母常慰解之明年夫塟母亦死姚嘆曰吾所以不即死者爲夫未塟母在故也至此復何生遂以一纫

女託其姑絕食數日死

章處子會稽人許字王姓後父母嫌其貧欲更之乳媼露其語章截髮不下樓卒

姚世治初聘陳氏會稽人未成婚二姓寄居京師陳父以世治南歸謀必改字之陳易粧作征夫狀覓世治于濟寧泣謂曰余固女流違父不孝今見君子事畢矣奮身投河死

金日昌妻章氏年二十而寡事姑至孝撫孤斌元成立苦節至八十歲而卒順治十五年建坊五雲門外

徐貞女許趙應奎聘禮甫行而應奎容死訃聞貞女滲泣毀容内服縞素外加青衣喪歸貞女踵趙門易衰絰時年十九父母苦計勸回貞女欲自盡乃止姑韓病篤貞女籲天求代刲股以進韓氏夢貞女以臂翼之而飛遂愈守節五十餘載巡按旌之

車貞女因兄卒嫂寡不字守節至七十餘以處女終

祝孟鳳妻王氏年二十四而寡苦節五十六年而卒

儒士陸傳妻胡氏念九而寡家貧紡績奉姑課子成立守節至九十餘歲邑令旌其節孝

儒士俞元龍妻李氏年二十三而寡子朝賓甫五歲朝佐在襁褓撫之成立守節三十載而卒

姜鳳鳴妻鮑氏年十九而寡守節至八十餘載慈挼成以熊九鶴奏旌之

庠生王資仁妻金氏貢生金相女年二十而寡事姑純孝撫孤自趨成立守節五十餘年而卒

庶吉士王自超妻高氏年二十五自超卒苦節四十餘年終身言笑不苟坐臥一小齋以終其身

謝栢齡妻祁氏家佳女蚤寡撫孤苦節終身

某人妻某氏蚤寡家貧父母諭其祝髮爲尼氏泣曰
女祝髮舅姑以天年終誰帶孝髻耶遂力勤奉養逮
喪葬畢不食卒遍訪核實乃駱光裕妻吳氏
陸奇妻朱氏蚤寡守節事姑教子偉成立撫軍旌之
褚應麟妻張氏年二十五歲孀居值寇亂家破憔悴
女紅奉姑甘旨撫孤成立年七十歲而終郡邑屢額
旌其節孝
龔翔鴻妻周氏蚤寡苦節終繼子諸生汝元爲嗣
金十九妻張氏蚤寡苦節至八十餘年卒

陳明生妻金氏二十而寡事姑撫孤六十餘年而卒

葉漢冲生二子長汝楨以庚午舉人夫婦殉難次子汝蒔蚤逝妻周氏苦節存孤課子士梓

何天如妻董氏天如卒于京氏奉孀姑孝養備至與夫姊同居終無間言撫庶子如已出人以節孝稱之

唐熙堯妻姚氏十九而寡無子女苦節至終其身其姑性嚴肅事之極孝甚得其懽繼姪爲嗣

王文𤈦妻郭氏歸文𤈦數載文𤈦爲吏所誣擬大辟家貧莫爲救者氏懷訴至縣堂自刎死夫竟出獄

趙泰徵妻張氏遇寇攜女同赴水死

王朝恩妻楊氏寇警沉河死越三日殮酷暑顔色如
生

朱其妻余氏丙申遇寇赴水死

傅五妻某氏已孕被寇執馬上抱幼女至趙墅橋躍
入水中死衆憐之鳩資以殮訪其家歸葬焉

董懋史妾倪氏無子守節撫嫡出子孫及五世

陳大經妻余氏大經卒于粤氏年十七聞訃欲絕雖
搖之者百端而氏志益堅晩年愈得舅姑懽守節四

十餘年訓廸繼子學良十四補諸生
庠生姚志潮妻諸氏早寡無子守節至六十三歲卒
王貽楷妻董氏苦節三十年遺孤謀燮又早卒
陳潛夫妻妾俱孟氏丙戌夫妻姊妹聯臂沉河死
汪棊妻趙氏歸汪數月夫卒家貧守節至六十四歲
童祖靖妻魯氏子乾吉妻徐氏坤吉妻章氏孫汝楫
妻章氏汝楫妻范氏富盛人三世俱寡皆苦節三十
餘年亘古所未有而汝楫妾蔡氏無子守節尤難
姜承勲妻胡氏年十八而寡繼嫡姪之琳撫養成立

苦節至四十餘年而卒邑令表其節孝

胡百郎妻潘氏年十九被寇執行里許至易家橋郎

從橋上躍水中寇撈之不得飛矢射之遂卒次日殮

屍中三矢拔其鏃不得出乃帶鏃而瘞

庠生朱曾奭妻蔡氏無子苦節四十年而卒

無名氏妻裘氏恐寇汚坐藤灣錢相國墓前土井死

胡爾錮妻陳氏早寡守節至六十歲

徐汝稽妻宣氏早寡子幼殫季婦之勞操孟母之訓

終身如一日享年七十歲子孫多文學焉

徐守謙妻沈氏徐守道妻陳氏邑令旌其雙節
陳國儒妻周氏莫應期妻章氏張元棟妻徐氏陳某妻宋氏張紹塤妻薛氏胡應暘妻唐氏陳家驊妻蔡氏童士仁妻錢氏陳國謨妻徐氏陸述妻金氏陸金國妻吳氏陸端妻吳氏章廷相妻陳氏魏兆洪妻詹氏皆以節稱
毛業偉妻施氏早寡孤子振遠方五齡時王氏居京師二世氏奉先喪及業偉櫬還塟故里苦節自矢訓子振遠成進士女適陳光祖戶部郎中旌獎建坊

戴應龍妻柯氏巡撫部院題請旌奬

庠生倪士熠妻胡氏于歸四載刲股治夫疾不愈誓以死殉俯遺腹子坤至長雖耄年足不踰中庭而卒

陳三德妻王氏卒年九十有二

陳繪妻馬氏年七十六卒

陶志遂妻柴氏年六十九卒

以上俱會稽

明蕭山方逢泰妻錢氏年十九行吉甫三月隨舅姑居京邸逢泰卒錢絕食九日而死御史疏題萬曆四

十五年特賜建祠馳驛歸櫬有坊旌
王延祚妻黃氏崇禎間延祚爲應天檢校董貢過夏津縣時有遊兵夫婦被執一卒擊延祚斃黃紿卒曰釋此我當與汝取寓中財物卒信之黃攜大脫去乃嘆曰我其死矣何財之有遂被害後四年子令高爲臨淸守城將陷妻黃氏赴井死搢紳爲撰雙烈傳
來仲康妻金氏蕭山人年十九于歸仲康卒强宗欲奪其節金自經姑解之得不死時遺孤在襁褓家徒四壁金紡績養姑哺二孺成立萬曆廿六年巡按御

史疏題建坊

丁庚蕭山人許配黄承元將嫁而承元卒丁至喪次視含歛截髮納之柩中不復歸寧踰數載立有嗣子年三十三卒丁幼而聰慧曉詩文及嫠居即釋之

庠生徐中孚妻戴氏蕭山人寡居二十餘年鄰人被火延且至戴守戸閾不出族黨勸之避竟不從遂焚死

韓氏蕭山人其夫以貿腐爲業酖酒好博醉輒毆婦韓無怨詞竟以負博鬻其妻屆期遣之韓潔服自縊

死事在崇禎間

其他以節聞者有王廷相妻任氏撫遺孤苦節過人

年七十三卒孫先吉先采皆成科甲

周邢儒妻張氏

徐世道妻張氏

王命正妻戴氏

庠生吳馴妻蔡氏

陳夢蘭妻張氏年九十卒

庠生何之杞妻黃氏

庠生張芳春妻徐氏年九十六終
庠生黄方妻來氏
任立政妻周氏貧無子
明末浙東有聚衆事大兵將戡越土寇乘間四掠一
時以節死者趙逢元妻張氏王九龍妻戴氏皆沉湘
湖庠生來冠朝妻何氏儒士來逢盛妻黄氏來冠倫
母俞氏妻任氏太學生沈驤妻來氏皆于長興鄉赴
水庠生黄奇英妻於氏庠生來裕之女及婢小春皆
赴水庠生楊守程與妻湯氏并一子俱抱石投池貢

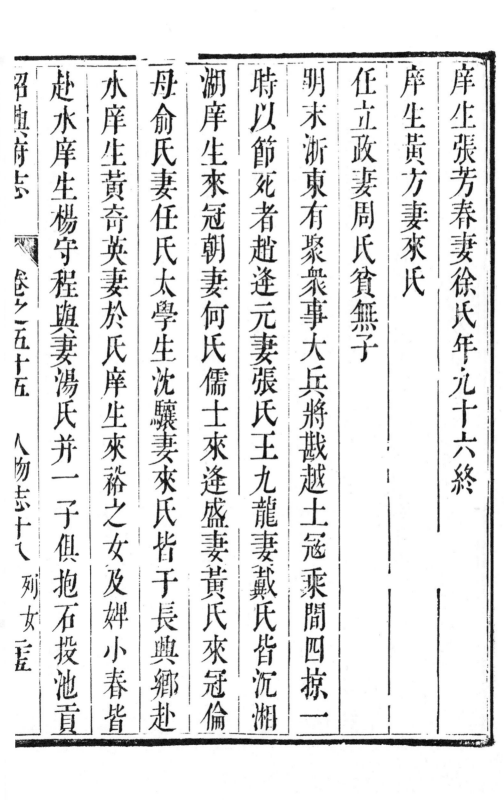

士來逢時母王氏自縊張家村楊梅樹是時有被掠
而殉節者庠生胡光樞妻徐氏奪刀自刎庠生來夢
麟妾程氏投白馬湖韓時雍妻來氏寡居二十載赴
水徐喬椿妻沈氏乘間自縊于龍山嶺翁氏二女長
女年十六許氏汪姓幼女十四未字經株墅橋長女
躍入水幼女亦從之王國幹妻俞氏爲土寇所害
皇清趙應榜妻丁氏蕭山人守節艱苦躬親井臼至
髦未嘗怠順治十三年撫院疏題有坊旌
庠生何之楠妻黃氏蕭山人康熙九年有坊旌

張邁妻韓氏年二十六夫亡事舅姑盡孝處妯娌至和甘貧守節撫孤成立且足不踰閾惟事紡績以終其身

搖士忠妻鮑氏居京師甲申城陷氏同夫暨二女媳趙氏俱縊死次女金哥自縊氣未絶賊欲污之女拔劍欲殺賊大罵不屈死

沈大球妻徐氏二十五而寡至九十四歲而卒

張上申妻朱氏夫亡無子繼姪爲嗣家貧依兄以居守節五十年臬司王日藻表其門

翁大捷妻王氏年十七歸大捷閱三月而大捷客死有勸其再適者拒不與言康熙壬戌夫柩歸里撫棺哭曰吾不敢自盡者因汝柩未歸耳今而後死可同穴矣遂于七月二十三日夜分縫聯衣履哭別先靈赴水死

翁貞姑與妹艮姑同避寇至漁後橋寇欲污之貞姑投水寇復射之姊妹挽手而死

蕭君梁妻徐氏懷抱幼子逃難遇兵殺子掠氏以刀劍加頸氏兩手抱木不放衆攢箭射之至死不屈

周萬紀妻童氏蕭山人督撫二院疏題有坊旌

以上俱蕭山

明

張椿十七妻陳氏餘姚人言笑不苟家貧勤苦佐夫居無何夫死止一女陳自誓靡它女長于歸一日鄰嫗有詈失鷄者稍侵陳陳哭曰吾以息女故忍死以至今日今女已有家乃不能死而受辱彼婦之口耶登樓閉户絕粒其家人涕泣饋飲食陳自户隙接而置之終不食如是者十日不死已自齧其手足竟縊而絕

朱孔思妻白氏薊州人適餘姚萬曆間孔思以縣尉需次卒于京白治歛畢自刎靈前大司成聞于朝賜葬建坊有司春秋祀之

史茂妻谷氏餘姚谷行敬女行敬以茂有文學贅於家數日鄰人宋思嘗貸錢于行敬索之見谷氏美而艷遂指逋錢爲聘金訟之官時邑令馬從龍新涖事以臆决諸訟者鞫思牒識其誣杖而遣之及谷氏下堦茂將扶之以行谷氏故未嘗出閨閣見隷人林立而夫以身近慚顔發頳推茂而遠之從龍望見以爲

谷氏意不屬茂也立呼入收獄以谷氏歸思思即以數十人擁置輿中而去谷氏母從之至思舍谷氏呼號求死斷其髮屬母遺茂思宗婦十餘人環相勸解不可得乘間縊死從龍聞之大驚直指方捕思思亡命茂感其妻義亦終身不娶

金一龍妻黃氏餘姚人一龍早夭黃截指自誓立其從子爲嗣與姑相依十五年有熊廿六者欲娶之母黨利其財紿黃還家而間道至于熊家黃知勢不可挽願捜括所有以償聘金不聽相持至于深夜黃引

刀自刎未殞其姑聞之匍匐而來黃曰吾所以未卽死者欲姑一面耳今復何求遂刎喉以絕郡邑聞之斃熊廿六獄中建坊旌表之

徐弘基妻胡氏餘姚人幼通孝經女誡弘基故有足疾納采後知之父母欲郤婚胡氏不可及于歸藥之不愈胡夜禱庭中匍匐積歲弘基瘡忽合胡以蒙霜露得心疾弘基好讀書慷慨爲善一日坐酒舍有以銀鐺易米者舍人予不應弘基取家米與之翌日有見鐺者曰吾家失物也指爲盜弘基父素惡其慷慨

擠之水弘基抑鬱死是時胡年二十七有二子咸幼欲自殺姑曰獨不爲二子地乎踰年胡父母憐其女憔悴與舅姑議欲奪其志胡聞之曰異日自磬之繩尙在也議乃息孫岱順治戊子舉人

皇清鄭賁銳妻于氏餘姚人年十七歸賁銳賁銳爲庠生任俠好施未幾卒于哭之每暈絶復甦既而家貧落夜織紝課兒苦讀尤能敬事舅姑得其歡心宗黨中薄德者聞之感化子光國順治戊子舉人

黃鏞妻汪氏餘姚人順治五年山冦亂大兵討之居

氏走避近山鏞負母汪抱孩叔以行事急母脫走鏞轉抱其弟有二卒追及之一執鏞一執汪逼汪上馬汪曰寧殺我斷不從汝二卒相謂曰不殺其夫彼終不肯去擬刃向鏞鏞避之未創汪曰寧殺我毋殺我夫卒牽其髮鞭撲交下汪引頸呼曰速斷我頭不從汝遂斫之仆地卒去猶能言至家而絕黃聖貿妻姚氏兵逼之不從兩手抱桑樹兵斫其首首倒垂而抱如故黃文備妻文兵逼之雙手握其裡衣斫死其手猶不可拆次年有兵搜山姚婦馬氏被驅出門投洋溪

死沈之泰妻吳氏事迫自縊死

以上俱餘姚

明徐振德妻丁氏上虞人適徐三載育一子振德亡丁年方二十絕食不欲生姑周氏亦孀居泣云幸有一孫徐門兩世不絕如綫柰何棄孤不之顧丁勉受飲食姑年届八十丁亦六旬孝養無須臾離後皆以壽卒

唐應奎妻呂氏自姚江適虞邑應奎亡呂年十八撫一歲孤守志四十餘載卒孫徵麟順治丁酉舉人

監生林苓妻胡氏上虞人年二十二而寡性嚴毅體貌如岳立乃能事姑如母宗黨稱孝家貧閉戶事紡績課子成立身以百歲終

其他以節聞者有徐如山妻邵氏建坊旌子廷英甲子舉人

許成義妻陳氏倪元璐傳其節孝

俞仲溥妻陳氏年八十四終

皇清鄭宗英妻張氏上虞人以山寇出沒與其姑避入珠龍山忽有寇至掠之廹脅使行張牽姑衣袂寇

刀鞘擊其姑仆地挾張行里許躍入施家池死

王肅三妻張氏戊子夏四月亂張被兵縛置之馬上及經交水橋忽躍水中觸石破顱死

徐炳寵妻陳氏避匿黄家衖遇兵誓不辱遂被害

庠生謝弘濟妻車氏戊子四月山賊陷虞城聞金鼙聲躍入城河死

庠生車元衡妻徐氏嫠居有年時城陷懸燈夜坐兵入門殺其夫弟徐遂以利剪刺喉死

庠生趙之喁妻張氏十九而寡撫孤成立苦節五十

餘年郡守何源濬手書坤德永貞以旌之

謝釆妻葛氏當未適時釆胃狂疾及歸殫力調護垢穢不辭年二十五釆卒氏以死自誓病不服藥卒

庠生葛承憲妻謝氏苦節終子三寵三友俱諸生

庠生謝弘功妻徐氏苦節郡守累旌之以上俱上虞

明蔡鋑女名六王諸暨人生有德容東陽王義烏虞二姓爭姻致訟不已女耻之誓爲貞卒

袁仲解妻黃氏諸暨人歸未二載仲解亡遺孤甫二月伯氏忌之黃斷髪毀容以示無他後歷艱苦戹不

閭者數十年萬曆壬子撫院疏請建坊

酈元狆妻周氏甫婚而卒無子酈將不祀周出粧奩

佐舅置繼室得子名元正及氏卒元正服喪三年

孟蘭妻傅氏娶及期傅年十九蘭客閩豫間卒絕食

求殉有以殯夫勸者已乃徒步迎櫬三十里畢葬復

欲從夫地下姻黨勸以撫孤苦節數十年耄而卒

陳僢妻俞氏早年守節至老有坊旌孫元暉進士

辛生孟立志妻陳氏立志早卒守節事姑俯孤辛勤

成家歲早發賑三百餘石一方以安咸稱節孝

陳隱妻張氏年九十五卒萬曆間有坊旌

鄭復修妻鄺氏以壽卒

孟夢蛟妻孫氏十九守節七旬而卒課子緯爲庠生

皇清呂貞女許俞文昇文昇卒女髽髮縞衣願終身于俞舅憐而欲奪之女曰舅非我誰依乎益矢冰蘖且爲其舅續姑舅年七十生子虹姑死女育虹長而遊庠女年六旬無疾卒虹終喪以其子繼貞女爲後

宣明初妻鄺氏早寡語其姪德仁曰汝叔既歿身以死殉藐孤數歲唯汝善全德仁謹受教言氏苦節終

徐承明女其諸曁人年及笄未字丙戌年征進越地有遊兵拴女馬上過全湖旁女躍入水死

庠生酈一俊妻壽氏酈吉士妻周氏撫遺腹以節稱

以上俱諸曁

明呂仲易妻蔡氏新昌人婚四載蔡育二子妾韓氏亦子二並在襁褓仲易卒蔡守志韓且同之相織紝謀生艱辛備歷後以子繼樓貴有誥封蔡年八十九卒韓年九十二卒

呂曾禴妻陳氏新昌人年十六于歸贅夫勤讀夫蚤

世紡績撫兩孤舅姑望孫成立督幼課嚴甚口誦偶舛卽撻之陳侍側輒自負罪跪舅姑前得愉色始敢起舅姑皆年九十陳以七十卒

新昌張氏明經張立朝女適章爾程夫亡有舅宗愚任四川灌縣時流寇陷城張與父皆在署中父遇害張抱屍慟哭駡賊自刎死

皇清孫景山妻呂氏新昌人順治間山寇掠民將弁統兵行勦自郡發扎營邑城有一卒潛入景山家見呂欲辱之呂堅拒不已遂以剪刺喉死卒逃去邑令

潘以秀妻袁氏年十九守節不渝操凜冰霜孝事舅姑生養没葬俱盡其禮撫孤則聖以孝聞

以上俱新昌

明

姚旭輝妻屠氏嵊人旭輝貧役于公屠勤織紝供舅姑或不繼遭詬詈必愉婉承之嘗日食一餐鄰婦憐而進之食曰吾腹未嘗枵也夫免役歸益貧窘謀出妻屠哀泣以死自誓不聽乃密紉裏衣乘夜沉百尺潭而死撈屍數日不得踰月浮屍原所顏色如生

黄氏羅姓婦嵊人夫喪舅且耄夫弟欲亂之黄覺密

綴其衣不寐者累月鄰有婦以邪語諷婦不應竊疑
其弗拒也乃設宴邀之黃自縊死
裘烈女嵊人許字史自和未娶自和罹重辟入獄裘
欲一見之不可得聞以他讞出裘隨父至南溪隔樓
遥問曰君可終脫否自和謂獄成矣無生理願子自
擇良偶裘抆淚歸自縊死年一十八
其他以節聞者有李廷獻妻周氏撫遺腹苦節最著
年九十卒
庠生裘素妻吳氏

周家祺妻邢氏

吳振衮妻劉氏年七十卒有坊旌

皇清夏烈婦嵊人初適周姓以貧居鹿苑山官塘順治九年山寇突至殺其夫與家屬八人及見婦麗欲辱之夏不屈遂死于水

以上俱嵊

紹興府志卷之五十五終

紹興府志卷之五十六

人物志十九

仙釋

嘉泰志述仙釋蓋首范大夫梅尉焉夫留侯從赤松遊世或目之云託若二子者豈亦將有託耶雖然使仙也而非人則已如仙而果人也則二子者必其妙解者也何者不難潄屣軒冕即不難蟬蛻支體且以其絕世越衆之識而極心於出世其精進倍矣託固有之寧詎非眞哉江左釋教大興道林巟先出亦巟

上海圖書館藏書

有名顧勝必未忘亦未必盡理中之談世或疑焉至
寶掌奇矣其他或書或詩皆倚佛致名或者非其眞
雖然其亦蟬蛻塵外者也夫道家侈談洞天而謬亦
曰名山會占多今郡中四明會稽秦望五洩天姥諸
山皆古今之靈跡屍怪奇者也許邁與王右軍書云
山陰至臨安多有金堂玉室自昔有稱矣魏君冊化
劉令雲舉道猷卓錫定光孷像稽其神異豈虛哉范
梅仙跡不甚著故弗志志二家自伯陽道猷始太史
公稱道儒必相絀今二家尤甚然支公以逍遙標理

顏簿用孝經愈疾要其本非有異也自宋元明來僧
益多而輕羽流尤不勝緇寖衰矣其在士大夫或有
明二氏學者魏主事宗泉錢郎中楩尤其較著者云
魏宗泉明永樂間以人材試刑部無何謝事歸遇雲
水僧談禪理遂有悟晨夕趺坐有時或兀坐竟日如
木偶人臨卒謂諸子曰扶我龕中當衣我以薪錢楩
明嘉靖四年解元五年進士亦官刑部致仕後十餘
年於秦望山半巖間搆八角亭獨棲其中者八年今
亭趾具存也姑蘇都太僕穆嘗遇異人謂曰凡學長

生者必於功名地馳驅數載忘乃死若二公者非邪以此續鴟夷吳門之跡夫奚悖焉宗杲諸暨人棲山陰人

漢魏伯陽上虞人高門之子性好道術不肯仕入山將弟子三人作神丹丹成知弟子忘不盡乃先與犬試之犬即死弟子曰先生當服之否伯陽曰吾委家入山不得道亦恥復還吾當服之乃服丹入口即死弟子顧視相謂曰本求長生故作丹焉貴速死獨一姓虞弟子曰吾師非常人也服此而死得眞意也仍

取丹服之即復死餘二弟子不敢服乃共出山爲求棺木伯陽即起將服丹弟子及白犬去道逢人入山伐木作手書與鄉里寄謝二弟子弟子乃始懊恨伯陽作參同契三卷其說似解周易實論作丹之意末章云會稽鄙夫幽谷朽生委時去害依託丘山循遊寥廓與鬼爲隣百世而下遨遊人間敷陳羽翮東西南傾湯遭厄際水旱隔并蓋離合寓巳姓名云今金壘觀是其遺迹

劉晨阮肇剡人永平十五年入天台山採藥經十三

日不得返望山頭有一樹桃取食之下山以杯取水見蕪菁葉流下甚鮮復有一杯流下中有胡麻飯二人相謂曰去人不遠矣因過水行一里又渡一山出大溪見二女容顏妙絶便喚劉阮姓名問郎來何晚也館服精華東西帷幔寶絡青衣下胡麻飯山羊脯甚甘美食畢行酒歌調作樂暮因止宿住十日求還苦留半年氣候和適常如春鳥鳴悲慘求歸甚切女與諸仙女歌吹送之指示還路鄉邑零落驗得七代子孫傳聞祖翁有入山不歸者太康八年失二人所

在

薊子訓不知所由建安中客濟陰宛句已駕驢車詣許下因遁去去之日唯見白雲騰起從旦至暮如是數十處時有百歲翁自說童兒時見子訓賣藥於會稽市顔色不異於今後人復於長安東霸城見之與一老翁共摩挲銅人相謂曰適見鑄此已近五百歲矣顧視見人而去猶駕昔所乘驢車也見者呼之曰薊先生小住並行應之視若遲徐而走馬不及

吳

朱孺子永寧人師道士王元眞居大若巖下嘗於

溪畔見二花犬逐之入枸杞叢下遂與元眞斸叢下得枸杞根類花犬堅如石煮之孺子先取飲之俄而飛立前峯謝元眞而去元眞後亦不知所終

介象字元則會稽人學道得度世禁氣之術能隱形變化入山谷見一美女曰汝食氣未盡可斷穀三年來象如期而往乃授以還丹術大帝聞之召至武昌尊敬之從象學蔽形之術還後宮及出門莫有見者又使象作變化試種瓜菜百果皆立生可食大帝與論鱠魚何者最美象曰鯔魚爲上大帝曰此出海中

安可得象乃作方埳汲水滿之垂綸得鯔魚大帝曰
帳無蜀薑作虀象書一符著青竹杖中使人閉目騎
杖至成都買薑薑到厨切鯔適了大帝爲介起第宅
以御帳給之求去不許有種黍於山中苦獮猴食之
戒日吾告介君猴即去自言其月日病大帝使左右
以一梨賜之便死大帝塋之後人復見象在蓋行山
中其弟子發棺視之惟一符耳
劉綱字伯經下邳人初居四明山後爲上虞令師事
白君受道歷年道成邀親故會别飲食畢登大阜莢

木上去地十餘丈舉手而別忽然飛入雲中妻樊夫人亦有道術俱飛昇去今四明山傳有樊榭乃夫人遺跡也

趙廣信陽城人魏末渡江入剡小山受李法成服炁法又受師左軍守元中之道內見五藏徹視法　如此七八十年周旋郡國或賣藥出入人間人莫知也多來都下市井作九華丹傳云丹成遂乘雲駕龍白日登天

虞翁生會稽人受仙人介君食日精法以大帝時隱

復伍山兼行雲烝同形之道精思積久形體更少如
童子後人見其乘雲上天
晉葛元字孝先句容人從左元放受九丹金液仙經
嘗服餌求長生能絶穀連年不饑曾遊會稽有賈人
從海中還過神廟廟使主簿語賈人曰今欲因寄一
書與葛仙公可爲致之主簿因以函書擲賈人船頭
如釘着板拔不可得還達會稽輙以報仙公公自往
取之卽得也語弟子張恭曰吾不得治作大藥今當
作尸解去八月十二日日中時當發至期衣冠入室

而卧氣色不變弟子等燒香守之三日三夜夜半中忽大風起發屋折木聲響如雷燭滅良久風止然燭失仙公所在但見衣在而帶不解今會稽有仙公釣磯及煉丹井俱在

嚴青會稽人遇神人授素書一卷曰汝骨應得長生青言我不識書當奈何神人曰不須讀也但以潔器盛之置高處耳并教服石髓法受之無他隹器惟有飲壺乃用以盛所授書即便見其左右常有數十人侍之治病救患但以所授書到其人家所病便愈百

姓尊奉之後斷穀不食一年入小霍山仙矣
葛洪字稚川仙公從孫以儒學知名性寡慾不好榮
利閉門却掃究覽經籍尤好神仙導養之法初仙公
以煉丹秘術授弟子鄭君稚川就鄭君悉得其法咸
和初選爲散騎常侍固辭不就聞交阯出丹砂求爲
勾漏令乃止羅浮山煉丹在山積年優游閑養著述
不輟著抱朴子一百十六篇年八十一卒顏色如玉
體柔軟舉尸入棺輕如空衣世以爲尸解得仙輿地
志云上虞縣蘭芎山葛稚川所棲隱也

許謐字思元少知名儒雅清素博學有文才簡文皇帝欠垂俗表之顧與時賢多所儔結少仕郡主簿功曹史王蔾弘蔡道明辟從事不赴選補太學博士出爲餘姚令入爲尚書郎郡中正護軍長史雖外混俗務而內修眞學密授教記遵行上道挺分所得乃爲上清眞人少子靜泰久居會稽禹井山頗遵承家法傳受經書云

齊顧歡見寓賢傳隱剡山性好服食每旦出山鳥集其掌取食弟子鮑靈綬門前有樹六十圍上有精魅

數見歡印樹樹即枯死山陰白石村多邪病村人告
訴求哀歡爲講老子皆愈又有病邪者歡問其家有
孝經否令取仲尼居一章置枕邊而愈齊高帝輔政
徵揚州主簿踐祚乃至稱山谷臣進政綱一卷優詔
東歸賜麈尾素琹年六十四卒於剡山中
褚伯玉見寓賢傳年十八父爲婚婦前門入伯玉後
門出遂來剡居瀑布山三十餘年隔絶交往齊高帝
手詔吳會二郡敦遣辭以疾帝不欲違其志勑於白
石山立太平館舍之孔稚圭從其受道爲於館立碑

常棲止一樓卒遂瘞樓所年八十六

謝元卿會稽人好呼吸延年之術常作東郭先生道引法服仙人五明散年近百歲精力不衰後入五洩山遇仙子事甚奇詳見山川志

梁陶弘景字通明丹陽秣陵人十歲得葛稚川神仙傳晝夜研尋便有養生之志齊高帝作相引爲諸王侍讀永門中脫朝服挂神武門上表辭祿許之勅所在月給茯苓五斤白蜜二斤以供服餌仙書云眼方者壽千歲弘景晚年一眼有時而方梁大同二年卒

年八十五顔色不變香氣累日謚貞白先生按內傳
言先生嘗遐邁東遊攺名氏曰王整官稱外兵今會
稽陶宴嶺有先生遺跡嶺由此得名又上虞縣釣臺
山夏侯曾先地志言先生嘗乘槎釣於山下潭中
孫韜剡人入山師潘四明參受眞法陶隱居手爲題
握中秘訣門人罕能見惟傳韜與栢閭二人
魏道微上虞人好道相傳謂仙去今邑中有其墓
袁根栢碩皆剡人因驅羊度赤城山有石門忽開見
二女方笄遂入與語後謝歸女以香囊遺之根後羽

化碩年九十餘方外傳之亦如劉阮故事云

唐苗龍不知何許人居會稽失其名能畫龍人以苗龍呼之貞觀中得道仙去今龍瑞宮東南一峯崛起上平如砥相傳爲苗龍上昇處

孔莊葉三女仙上虞人天寶間住武𢑼學道棲天柱峯下一日遇太姥元君授以丹訣令往東南尋雲虛洞煉之至君峯果得仙洞遂作丹焉宋治平間有江公者至山中得一小徑深入忽有洞題曰雲虛之洞三仙女在焉仙童引入見欵以湖麻飯江蘺歸女語

其詳比至家已三載矣

〈宋〉陳明攢陵鋪兵也人呼爲陳院長年三十有五時犯罪受杖遂蓬頭跣足若病狂者往來行歌無定止頗能知未來事雪中不施一縷卧野橋上氣騰如蒸眼色正碧好以白堊書地且讀且歌字畫類五銖錢文觀者莫識中貴人典領攢宮者憐其寒常遺以衣乃轉與貧者淳熙八年郡中久不雨鄉民或叩以凶豐應曰木災竹災魚災貧道災餓而高岡發洪水水暴至所經竹木盡拔魚鼈漂流陳大病不食數月腹

皮皆凹入附骨影影見五臟人謂其必死俄復如初
有蜀客來見之焚香作禮曰先生正爲鄉里募緣造
橋安得來此衆始悟其爲異人神遊彼云或問其年
庚但云三十五後微疾而終葬壑溪岸未幾其徒發
瘞將火之空無一物
老葉道人龍舒人不食五味年八十七八平生未嘗
有疾居會稽舜山天將寒必增屋尾補牆壁下帷設
簾多儲薪炭杜門終日及春乃出弟子小道人極愿
慤嘗歸淮南省親至七月望日鄰有住菴僧召老葉

飯飯已亟辭歸問其故曰小道人約今日歸耳僧笑曰相去二三千里豈能必如約哉葉曰此子平日未嘗妄也僧乃送之歸及門小道人已弛擔矣客每訪之拱揖甚謹然不肯多語或嘿作意欲扣其所得纔入門即引入卧內燒香具道其遇師本末若先知者亦異矣

共

聖道者不知何許人紹興初居蕭山淨土寺日乞食於市口每吐一珠如彈丸大光奪琥珀出玩掌中人欲攫取則復吞之一日至山下指田中一穴謂從遊

項姓者曰此有酒可飲項飲之甚甘冽囑覆之無竊發項後思飲往取之皆水耳忽一日乞薪市邸謂媼曰我將去矣叩所之不答乃於常卧處火薪自焚人即其地瘞之後有見之於蜀者歸發其棺則尸解矣

武元照蕭山女子也方孩時母或食肉即終日不乳及菜食乃乳母異之後長議適人女不從忽夜夢神人命絶食及覺遂欲不食母強食之則夢神怒曰何違吾戒也剖腹滌之因授靈寶法自是不復食以符水療人疾紹興十一年某月日忽詣數十家聚語後

往其家訪之云死矣即詣之日也

呂處仁餘姚人次姚子嘉定間隱居四明山得異術禱雨及爲人祈禳甚驗尊爲演教眞人及卒以劍投于後橫潭至今每風月清朗之夕其劍常飛出

蔡華甫新昌人名必榮幼警敏畧涉書史爲縣從事嘗遇道人授以道術遂能驅使鬼神一日甫偶出遊有道人來其家索酒持麻袋盛去歸而知其事即剪白紙二條噀以符水化二白蛇凌雲去投其醮壇吸所懸佛像并樂器道人哀懇乃比還之女適張文華

文華嘗過華甫見圃中有二虎倉皇驚走華甫曰無懼我當呼來即馴服于地其異術多此類暮年作丹將成使弟子護之夜登橐駝山坐石棋枰上望煙色卓起即歸取服之謂諸子曰我將遠遊矣遂尸解時有從子在天台清溪見其乘青騾從二童子問之曰道友邀我遊桐柏宮

元陳嘉字志謨諸暨人文辭超邁然狷狂不羈每應舉主司必喜其文第中必雜狂語竟怒見黜自號龍壇居士後與沃洲山道人尸解去

明陶與齡字德望會稽人宗伯承學長子望齡奭齡
祖齡其弟也爲人通敏沉默失得弗驚篤孝友而淡
聲華萬曆乙酉舉于鄉出宗伯李長春門未幾卒甲
午長春子雲卿自成都試還盛氣自得于龍象山麓
遇一道士迎馬笑曰勿妄想解元屬某矣汝當以庚
子得雋丁未乃成名耳雲卿怒欲搥之道人曰我會
稽陶與齡爲若翁門下士特欲汝恬守故來語汝何
辱我爲雲卿歸白其父父知與齡物故訝之曰與齡
殆登仙矣已而所語皆驗蜀人傳其事建遇仙橋書

寄望齡爲之作記子履中任瑞州知府入瑞州名宦曾與姑熟李一公同爲部曹後一公提刑四川稽故老搜郡乘得實刻石于遇仙橋上取其境地佳與蜀獻王之遇三丰類也詞曰吾聞八百里鑑湖天水烱雲粘菰蒲華陽道侶多精廬中有一人仙之臞隱几手弄日月珠飄然成風遊蜀都一笑偶到山川隅日暮道遠行人吁馬首數語開靈符仙影一去山模糊事奇語怖驚聾愚蜀山幽閟仙靈居青城鸞鶴驂霞裾峨嵋古雪侵肌膚先生倘在其來乎

明　金九先生會稽人弘治間住方泉橋生平不巾櫛服垢衲人呼爲金蓬頭喜作詩一日在青塘村幻出一舍有女織其中與金賡和巳忽不見又嘗於武林逢道道者共飲巳而渡江道者擲雙履令渡金難之履忽化爲舟道者竟渡金遂返過所飲肆詳聚百餘人云道者所覆杯膠不可啓金至爭令啓之中有洞賓二字　以上仙

晉　帛道猷永和中居沃洲山又嘗居若耶山白樂天沃洲禪院記云羅漢僧天竺人馮惟訥詩紀云本姓

馮山陰人少以篇牘著稱性率素好丘壑一吟一咏有濠上之風有陵峯採藥詩載山川志

竺潛字法深隱剡山哀帝兩遣使招之至建業簡文尤師禮之劉惔於簡文坐中嘲曰道人亦遊朱門乎潛曰君自見朱門耳貧道以爲蓬戸還山支遁求買沃洲小嶺潛曰未聞巢由買山而隱一云是就潛買印山

支遁字道林河内林慮人或曰陳留人本姓關氏少而任性獨往風期高亮家世奉法常於餘杭山沉思

道行泠然獨暢年二十五始釋形入道王逸少作會
稽遁在焉孫興公謂王曰支道林拔新領異胸懷所
及乃自佳卿欲見否王自有一往儁氣殊自輕之後
孫與支共載往王許王都領域不與交言須臾支退
後正值王當行車已在門支語王曰君未可去貧道
與君小語因論莊子逍遥遊支作數千言才藻新奇
花爛映發王遂披襟解帶留連不能已延住靈嘉寺
已入沃洲小嶺建精舍晚移石城山樓嘗造郎色論
示王中郎中郎都無言支曰默而識之乎王曰既無

文殊誰能見賞三乘佛家滯義遁分判炳然云正當徘徊入三便亂其談善標宗會而章句或有所遺時爲守文者所陋謝太傅聞而善之曰此乃九方歅之相馬畧其元黄取其駿逸後至山陰講維摩許掾爲都講支通一義四坐莫不厭心許送一難衆人莫不抃舞但共嗟咏二家之美不辯其理之所在遁常養數匹馬或言道人畜馬不韻遁曰貧道重其神駿性好鶴住東岇山有人遺其雙鶴少時翅長欲飛支意惜之乃鎩其翮鶴軒翥不復能飛乃反顧翅垂頭視

之如有懊喪意林曰既有淩霄之姿何肯爲人作耳目近玩養令翮成置使飛去卒葬石城山見祠祀志

僧史云𦶜餘姚隖中高逸沙門傳又云年五十三終于洛陽

于法開始與支公爭名後精漸歸支意甚不分遂遁跡剡下遣弟子出都語使過會稽于時支公正講小品開戒弟子道林講比汝至當在某品中因示語攻難數十番云舊此中不可復通弟子如言詣支公正值講因謹述開意往反多時林公遂屈厲聲曰君何

足復受人寄載來名德沙門題目曰法開才辯從横以術數弘教

竺法崇有律學精於法華經居剡之葛硯山茅茨澗飲孔淳之訪之信宿不去神思傾豁

竺法曠晉興寧中東遊禹穴放情山水至若耶愛孤潭欲就巖爲廬孝武帝欽其爲人逃至京師止長干寺以師事之

竺道壹依止虎丘學徒蟻慕白道猷時在若耶山以詩寄之壹得詩欣然往訪猷信宿而歸嘗從都下還

東山經吳中雪下未甚寒諸道人問在道所經壹公曰風霜固所不論乃先集其慘澹郊邑正自飄瞥林岫便已皓然嵊舊志云乾囦與支道開威蘊宗實光識斐藏濟度逞印弁道猷道壹法潛道林郎白居易沃洲院記所謂十八僧也宗想郎法崇光郎曇光斐郎曇斐考往籍道壹止一至若耶耳其云還東山未知是上虞東山否白記絕無道壹字終屬疑姑因舊志存之自集中作乾與淵支遁必有一誤道猷所贈詩郎陵峰採藥詩

曇翼號飛雲有卓行義熙中誦法華于秦望西北峯

澗飲三十年內史孟覬請于朝置法華寺

曇彥晉末時與許詢同創浮圖未及成詢亡至梁天監中岳陽王來彥以前身悟之乃增修焉詳見祠祀志

慧虔晉末居山陰嘉祥寺聚徒講經謂衆曰願相講道用奉彌陀刻期告終是夕有尼夢觀音下異香經句不絕

帛僧光或曰曇光永和初至江東石城山下行數里坐石坎中夢種種惡三日見山神言乃移章安寒石

山或以宅施光光就樹結廬久而成寺寺名隱岳據此則曇光卓錫實在天台今新昌寶相寺稱光遺跡者乃以初嘗暫憩因借名耳今天台寒石山亦名隱身巖

弘明山陰人止雲門寺誦法華經瓶水自滿有童子自天而下供使令虎無時入室自臥起嘗有一小兒來聽經明爲說法俄不見又有山精來指笑明提得以帶繫之久不得脫曰放我我不敢復來於是釋之後住永興紹元寺又住栢林寺

（宋）道慧餘姚人讀遠公傳慕其爲人遊廬山卜居西

林三年王式辨三相義慧詰難之詢句與顯又就學猛公猛講成實爲張融所難使慧嘗之挫其風氣融大服褚澄謝超宗皆加敬焉

慧基自錢塘渡江棲山陰法華寺學者千人元徽初郎龜山建寶林寺啓普賢懺法高士周顒劉瓛張融並摳衣問道

曇斐剡人少棄家事慧基洞明方等深經善莊老儒墨之書游方攷究經典疑義還鄉居法華臺寺學徒甚盛衡陽孝王元簡廬江何胤皆師事之張融周顒

並從其遊

明慶餘姚人戒行明白多蘊藉

法慧持律甚嚴隱禹穴天柱峯誦法華經足不履人間者三十年爲周顒所師禮王公貴人得一識面以爲美談

曇學有奇操與曇翼同游即秦望之地爲菴號樂林精舍

道敬王右軍之裔有道行持律甚嚴

齊僧護剡人住石城山隱岳寺寺北有青壁千餘丈

護每至其下輒聞管絃聲或發光怪即發誓願就青
壁鐫十丈佛像以齊建武中用工經年纔成面像俄
卧疾臨終誓曰再生當就吾志

梁僧祐剡縣石像是祐授準式先是建安王聞始豐
令陸咸剡溪之夢以僧護所造石像奏有詔祐董其
事天監十五年告成舊說祐宣律師前身也

惠舉遷法華山武帝徵之不至昭明太子以金縷木
蘭袈裟遺之天衣寺名由此

曇降法流二僧辭恩愛棄妻子輕舉入山外緣都絕

魚肉不入口糞掃必在體人見之絶歎而二人處之
怡然
陳定光大建中居寶林寺耳過其頂擎銀像長立不
臥時乂天竺僧甚神異死後形數見詳祠祀志
隋法極字智永王右軍七世孫詳方技傳
智果師事智永詳方技傳
唐辨才亦智永弟子詳方技傳
寶掌當魏晉時自西域來中土居常不食唯服鉛汞
而已一日示衆曰吾欲住世千歲今六百七十三歲

矣因號千歲和尚貞觀中周游二浙至諸暨里浦山下遇一老人問欲何之掌曰訪地修行吾將老焉老人曰循山之陰林嶂幽聳中有石室名里浦巖盍往居之值中秋掌抵巖下見其山秀泉潔月白風清因爲頌有行盡支那四百州此中偏稱道人遊之句遂結茆以居宴坐十七年一日屈指一千七十二歲矣語其徒惠雲曰吾將謝世以還丹授汝令諸暨有寶掌巖會稽刺浮山明覺寺有千歲和尚塔又有千歲洗骨池

慧忠諸暨人受六祖心印居南陽白崖山黨子谷道
行聞于帝里肅宗徵赴京待以師禮居光宅寺
慧海姓朱氏依越州大雲寺道智受業初至江西參
馬祖於言下自識本心馬祖嘉其頓悟嘗告衆云越
有大珠圓明光透無遮障處指海也
元儼諸暨人落髮隸懸溜寺從光州諮受具戒探賾
律範遇上京崇福意律師及融濟律師印可徧弘四
分著輔篇記翊磨述章光州岸公命弘般若撰金剛
義疏即法華寺建置戒壇招集律行傾衣鉢瑚鐫僧

護僧祐所造石佛像開化二十六年恩制度人採訪
使潤州齊澣迎師於丹陽令新度諸僧躬受具戒自
廣陵迄于信安緇黃道俗受法者殆出萬人

乾峯越州人嘗與雲門相難有僧問涅槃門路則以
拄杖畫曰在此

靈一居雲門寺持律甚嚴以清高爲世所推亦能詩
劉長卿嚴維郎士元皇甫冉皆以詩與往來

靈澈字源澄會稽湯氏子雖受經論尤好篇章從嚴
維學詩抵吳興與皎然游皎然以書薦于包佶李紓

貞元中西遊京師名振輦下得罪徙汀洲入會稽吳
越間諸侯多賓禮招迓之終于宣州開元寺門人遷
之建塔于越之天柱峯有詩二十卷劉禹錫爲序
契眞初與潙山祐和尚同在百丈山稟受懷海宗旨
後遊羅浮有越人禮請歸浙東初住鏡中紫陰院後
住覺嗣寺北廊開元寺西廊兩禪院大中初勑改覺
嗣爲大中禹跡寺移歸禹跡聚徒北廊院九十七卒
鵲巢和尚不知何許人亦不知何名長慶中棲止秦
望山長松上鵲巢中白居易問曰師住處危險答曰

太守地位危險尤甚按錢塘亦有秦望山白但爲杭守此鵲巢似應屬彼

良价會稽人禮五洩山默禪師披剃遊方首謁南泉次參溈山既到雲巖見曇晟禪師問無情說法乃迷偈呈雲巖辭去因問貌得眞話涉疑後過水覩影大悟前旨

澄觀山陰人姓夏侯氏住寶林寺譔華嚴義疏二十卷爲疏時堂前池中合歡蓮花五枝一花皆有三節德宗嘗召至京師命譚烏茶所進華嚴經賜號淸凉國師

五代全付會稽人抵宜春仰山禮南塔爲涌和尚印
可安福縣爲建禪苑聚徒本道上聞賜名清化後還
故國吳越文穆王特加禮重晉天福二年錢氏戍將
爲闢雲峯山建院亦以清化爲名
鑒眞唐天祐時雲居院僧貞明及宋治平間皆敕賜
院額呼爲喻彌陀卒後人龕其身寺中遇旱禱之即
雨
宋仲休越州人精習天台教而禪寂不接人事李文
靖公連以其名上得紫衣海慧之號間作詩有山陰

天衣十峰詠

大義蕭山徐氏子生而英特十二從釋於山陰靈隱寺閱梵典開卷卽悟臨終時咸聞空中有天樂之聲

大眼師不知何許人居蕭山晝夜不寐目睛愈光人因以大眼目之

從朗居蕭山祇園寺年踰百歲門常晝掩每誦蓮經衆鳥啣花匝座潛聞嘗謁之閉門不納

咸潤上虞人習天台教觀依錢塘會法師講席遂究其旨景德四年邑令裴煥請演教於等慈繼徒隆教

永福聽法者動以千數亦能詩有五泄山三學院十題編于掇英

梵卿早入台之東掖山謁法眞大師聽天台教一日論經王義法眞嘆曰子得元妙於性相之外更衣謁長蘆秀禪師未契卽往投子山謁青禪師居三年青示寂遂往東林謁照覺總禪師從容問答心凝神釋游鍾山居第一座晚乃住上虞之象田象田久廢至卿乃復興

端裕蕭山人吳越王遠孫祝髮於大善寺得法於圜

悟禪克勤勤任京師天寧萬壽寺諸方譁言會下有眞師子兒能大哮吼他日爲叢林標準者指裕言也住丹霞虎丘徑山育王有語錄傳世裕出王家狀貌瓌異鬚髮不受刀但以小剪去之不然則出血

了演少依東山廣化聽秀禪師夜叅即有省發遍謁諸方宗師俱不契徑趨衡陽投大慧禪師宗杲一見器許杲謂其徒曰若輩如鍼刺窻微見光影耳演乃一踏鴻門兩扇闢者也自臨安崇先移住象田繼遷靈隱

重喜會稽人少以捕魚爲生然日誦觀世音菩薩不少休舊不識字一日能書又能作詩錢塘關子東雅知之周少隱謂其能解悟如此眞乃得觀音知慧力也

仲皎字如晦居剡明心寺參竟禪學尤好篇章爻文儒嘗於寺西星子峯前築白墻結廬其下號閑閑菴宣和間與汝陰王銍以詩詞相酬答

惟定山陰人紹興中住景德寺講偈有野猿獻菓於前一日謂其徒曰庭前桂樹花開我將逝矣其徒出

覩之桂花忽開五色悉返入戶定端坐瞑目矣龕留十四日顏面如生

志遠姓呂氏餘姚人十七歲於上虞等慈寺爲僧遍遊諸方參聽天台宗教嘗講於朝錫師號遂爲會稽諸邑講席之冠李光陳槖張轔趙不摭諸公皆愛重之年七十卒經五日荼毘於烈焰中身不歛側齒根不壞

淨全翁姓諸暨人少與父兄躬畊至林壑泉石處輙宴坐忘歸甫冠於寶壽寺出家授以禪典無所解乃

入徑山投大慧禪師宗杲杲曰汝有何能答曰能打坐曰打坐何爲全曰直是無下口處杲甚喜之全朴野不知書人呼爲翁木大一日隨衆采椒同輩戲云試作椒頌全卽應云含烟帶露已經秋顆顆通紅氣味幽突出眼睛開口笑這回不戀舊枝頭衆皆嘆異俄有旨度僧杲命給侍者十輩各探籌全得之九人者不平誶語杲令復探仝再獲若是者三遂祝髮尚書尤袤寶文王厚之丞相錢象祖皆與爲方外交累典大刹開禧三年卒

惟月諸暨化城寺僧明律學日唯念佛一日有異僧來迎後二日微疾悉呼同住道寧曰見阿彌陀佛高八尺立空中言訖而化

法慈上虞長慶寺僧所居有花竹泉石頗有幽意士大夫多往遊焉延納無倦嘉泰初忽謝客會其童行辭往行在所請給僧牒語曰宜速回比還令速具湯澡畢易衣坐其徒往視之目已將瞑亟呼云和尚幸自得恁好何不留一頌子曰不早道我今寫不得也嗣法云云其當代書乃云無始劫來不曾生今日當塲

又隨滅又隨滅萬里炎天一點雪即逝

守仁姓莊氏受具于等慈寺僧妙聯初習南山律未幾遍詣禪林遂悟宗旨七住名山道譽甚高在長蘆日屬歲歉衆逾五百雖折床空甑而不忍去其爲學徒傾慕如此有且菴語錄行於世

慧暉上虞人姓張氏早歲出家於澄照寺時宏智覺禪師主天童法席暉叅侍左右密授心印從此悟入嘗撰六牛圖頌以見意住雪竇三十年後住淨慈孝宗嘗召見奬曰眞道人

妙義少歷方外晚駐上虞之象田寒暑一衲不易紹熙元年三月忽與鄉人語別曰吾當逝矣俄秉筆書偈遂趺坐几上現三昧火自焚而几不壞

妙廣廣福寺僧境多猿猱數百爲群食菽粟誦咒遣之盡去民有疾亦以咒療之

義圓漁浦開善寺僧釋機敏捷

元

交明姓婁氏諸暨人母王氏妊時夢神人以白芙蕖授之乃生甫能言見母舉佛號即隨聲和之及長客居山陰靈壁寺窺內典輒嘆曰欲求出世間法非

釋氏吾誰依大德九年投其寺僧思窮祝髮明年精
進益力一夕集衆謝曰吾將歸矣遂書偈而逝

普容姓茅氏餘姚人有徒數十百人著圓修要義一
卷

宏濟餘姚姚氏子有戒行墳典過目不忘以流通經
教爲巳任泰定二年鹽官州海潮衝堤請濟詛之足
跡所到土皆凝然楊維禎亟稱其詩

與恭餘姚人幼絕葷茹高潔通經典工詩

允憲阮姓諸暨人初爲正覺寺僧名家子機鋒頓悟

遊方至天竺一轉語合即留住後祈雪有應賜緋

懷則上虞人宋景定間祝髮澄照寺鋭意參學往天竺諸寺究尋智者教觀四十餘年至元中住天台白蓮寺學者雲集徙杭州南竺高麗王子聞其道附書相邀以年老辭之年八十餘卒有天台四教儀要正行于世

懷實上虞任氏子受經于會稽澄心寺師以其魯鈍令赴壽昌寺習禪定百日期滿果心神開朗寺欲建佛閣令實往天台伐木遠不能致即在彼山中誦大

悲咒以芝蘇一升記之垂盡憂山神告曰師第還吾嘗助力約以時日令候於塘角村江岸如其言還寺衆嗤笑之至期大風雨果漂所伐木至閣遂成又塘角村江岸屢崩實築埨其上潮遂不爲害一百二歲無疾卒

時習山陰人延祐中以高麗王薦召至京令説法于南城寺頂門忽現異光縈結如蓋

嗣特姓羊氏上虞人年十三祝髮八十三卒臨終異香普遍

志廉上虞化度寺僧初遍叅宗門晚節一意西方

元長蕭山人姓董氏所謂千巖者也居天龍東菴有蛇口來環繞長爲說法蛇拜謝而去由是聲光日顯嘗往烏傷伏龍山見龍壽寺故址樂之手植一松誓曰此地般若復興吾松當茂後果化爲伽藍松亦漸長析爲二幹詰曲如虬龍望之飛動至正十七年南枝忽瘁已而長卒因號般若枝宋學士濂爲贊

明了眞天台人寄跡山陰諸寺嗜酒落魄拖杖乞錢市中時散與貧者冬月惟着單衣或敲氷而浴洪武

二年大旱貞乃留偈辭衆瞑目而逝鄉人舉龕燔於五雲門外甘雨隨澍

惟宗不知何許人嘗結亭于戴於山道左每盛暑烹茶以濟行客洪武十九年秋大旱惟宗曰願焚身以濟民即日齋戒火其身大雨如澍鄉人立土祠祀之

自悅餘姚人戒行高潔旁通儒書陶安每與譚易有異術能咒潮水不至洪武初被徵稱旨

如皐餘姚人明眞寺僧與自悅並以高僧徵

如玘餘姚人持戒甚嚴嘗住杭之演福寺詔以爲僧

錄司左講經

許極餘姚人不識字有異僧過邑衆往作禮僧不語但舉錫杖畫地如一字衆莫省極伏地前曰師道是惟一無二僧舉杖指其面良久自是觸事能說偈語

彌永餘姚人建初寺僧了悟内典忽瞑目見佛光接引遂占偈而化

必泰姓孫氏上虞人幼受具等慈寺嘗從縣尹林希元學古文辭已住東山國慶寺累遷徑山退休等慈年九十六卒所著有金湯編

成權嵊人坐臥繩床數十年日誦蓮華經一日床前忽湧蓮花一樹

佛進嵊人日念彌陀無頃刻輟如是者數十年一日別大衆示滅度斯人笑以爲狂頃之持一鉢出乞米數升以歸屆期衆視之危坐如常曰俟觀音大士至便逝衆益大笑日亭午人有以木刻觀音像來捨者以前所乞米設齋拜像畢遂攝衣坐衆環視之見目漸合稍稍氣不息迫視之逝矣

正虛新昌人居南巖寺若癡時或露宿一日囑其徒

日我將化可作一龕衆無信者至期忽有一老人傴僂而來引之入龕焚香置正虛胷間遂誦法華經至七卷口中忽生烟身漸成燼惟餘衣履捻珠耳老人忽不見灰中得舍利數枚今坐化臺尚存

圓澄字湛然東關人俗姓夏詣天荒師妙峯薙髮爲僧雲棲蓮池以古佛期之掩關者六年適大覺慈舟謁南海還寓止風塗相見契洽遂付囑焉時萬曆辛卯也歷諸勞瘁向不曉文字一旦豁然直接曹洞之宗開闢顯聖道場講經說法俱有妙理祭酒陶望齡

甚敬禮之法傳明懷明雪明方明澓明盂明懷傳淨敏　康熙癸亥顯聖繼席智幽明雪再傳之高弟也

皇清圓戒字紗行本姓黃餘姚人幼時聞呼名輒自疑覩日落影逝警而有悟然未嘗識字惟掩關靜坐而已如是者二十年遂信口作偈即儒家經史應聲而解妙行本童男子初參龍池旋主天童坐奉化山中不數數與俗酬對預知辭世之期乃作揭曰入夜月華窓底白悠然松韻耳邊清夜半呼侍者日月出矣危坐而逝

圓信字雪嶠鄞縣人常游若耶秦望間曾見古雲門三字遂有所悟嗣法龍池後駐錫雲門多闡釋氏書順治丁亥秋將圓寂寫小詞示徒曰小兒曹生死路上好逍遥皎月氷霜曉喫杯茶坐脫去了結跏而逝瘞于寺之右龐順治十七年

詔賜帑金五百兩命修藏塔

御札曰錫杖還山時縈遠念兹覽音問式慰朕思來伻言旋裁書附往並有欲語者朕每念法門輒景先哲知雪嶠大師藏塔卓立雲門後學諸方應共瞻仰

比聞山界雖分基址漸圮恐年深人遠淩毁堪虞今
特捐五百金重爲脩治雖未必卒窣波之費然經朕
一爲整葺人必改觀起敬自不敢復行侵侮矣禪師
重念儀型久懷崇飾當勉爲經理承朕敬禮尊宿之
義以副夙心故兹特囑禪師其悉之

道忞字木陳潮陽大埔林氏子甫冠棄妻子負從匡
廬開先薙髮受具戒於五乳憨山得法爲天童密雲
嗣天童圓寂衆請繼席再任天童順治己亥
世祖章皇帝遣官徵召至京留住齋宫萬善殿結冬

開堂錫弘覺禪師銀印并勅固辭歸山投老會稽化鹿山之陽明洞天即興福觀建爲平陽寺壽七十九所著有九會録北遊集百城集若干卷得法弟子本晝繼任平陽

弘禮字具德會稽張氏子投師仲雅受戒于天童苦行一十七載三峯法藏曰此鐵骨眞禪也當大振吾宗遂傳臨濟正宗開堂雲門廣孝華嚴天寧佛日顯寧安隱普寧地藏靈隱徑山維揚十大道塲天童而下莫有並者後任天寧呼侍者曰隨上去乃呼聲未

絶而逝歸塔靈隱寺中太史吳偉業爲之銘塔法傳
智淵秀州王氏子初住廣孝繼席靈隱闡揚祖道忽
一日謂首座云大慧住靈隱年有七十二吾今正是
時言畢而逝塔歸廣孝五雲山智淵傳海慧山陰王
孝廉子性喜禪釋淡于世情弱冠卽棄室投師爲廣
孝監院三十年智淵付囑偈云奕葉相承只一支一
支委付電鞭馳復還五百年前讖睡虎嘶風今正時

紹興府志　卷五十六　集志十六

紹興府志卷之五十七

人物志二十

方技

嵇之琴王之字皆古今絕技也乃皆吾郡擅之吁盛矣世或稱右軍才識絕倫觀其與殷淵源及會稽王書是殆以書掩之嗟乎二書正自以墨妙傳耳謝文靖在晉世最重然李長沙賦東山詩猶云憶治城王右軍下此則郗太尉王文度矣安能使人主侯王將相以至文人墨士及方外衲子賈人驕豎無不企慕

也昔人謂諸藝宜習可傳者勿習不可傳者嵇琴竟杳然惜哉廣陵譜具存世鮮工者余嘗試習之果神妙愧手不能敏不造其微師曠之清角未足多也唐人稱吳道子與張長史同學書不勝去而爲畫楊惠之又與道子同學畫不勝去而爲塑其巧於用短如此近世人必孔孟是師管蕭爲卑楊班且靡何況諸末技騎兵部以相地受知明主然每每自嗛嘗談餘姚三巽巳當其末曰騎員外乃以地師終殷中軍梵經方闓王爵戒丹青古亦每爾卒之殷用清言著闓

遂傳畫神品名難鈞亦難避也然吳人稱魏太樸校始學奕不工去旣爲詩又不精去已乃反之理學遂爲名儒此視吳楊之得失何如哉奕者詩者何頓工精哉陳孫畫妙品赤松奕第二品相提而論當與永師之書抗衡其他卜醫者流亦種種有奇昔范史傳方術傳列仙怪世說述巧藝兼及棋畫今以神仙人仙釋餘總類爲方技傳云

漢謝夷吾山陰人少爲郡吏學風角占候太守第五倫擢爲督郵時烏程長有臧釁倫使收案其罪夷吾

到縣無所驗但望閣伏哭而還一縣驚怪不知所爲及還白倫曰竊以占候知長當死近三十日遠不過六十日遊魂假息非刑所加故不收之倫聽其言至月餘果有驛馬齎長印綬上言暴卒倫以此益禮信之後仕至郡守豫尅死日如期果卒勑其子曰漢末當亂必有發掘露骸之禍使懸棺下葬墓不起墳今府儀門云是其墓吏蹟詳鄉賢傳

韓說字叔儒山陰人博通五經尤善圖緯之學舉孝廉數陳災眚光和元年十月說言於靈帝云其晦日

必食乞百官嚴裝帝從之果如所言中平二年二月又上封事尅期宮中有災至日南宮大火

（吳）吳範字文則上虞人以治曆數知風氣聞於郡中大帝起東南範委身服事每有災祥輒推數言狀大帝欲討黃祖範曰今茲少利不如明年明年荊州劉表亦身死國亡大帝不聽卒不克明年軍出行及潯陽範見風氣詣舡賀催兵急行至卽破祖祖夜亡大帝恐失之範曰未遠必生擒祖五更中果得之劉表竟死荊州分割範又嘗言歲在甲午劉備當得益州

後呂岱從蜀還遇之白大帝說昭烈部衆離落死亡

且半事必不克大帝以難範範曰臣所言者天道也

昭烈卒得蜀大帝與呂蒙謀襲關羽議之近臣多曰

不可以問範範曰得之後關在麥城範曰彼有走氣

大帝使潘璋邀其徑路覘者還白關已去範曰雖去

不免問其期曰明日日中大帝立表下漏以待之及

中有風動帷範拊手曰捷音至矣須臾外稱萬歲後

大帝與魏爲好範曰以風氣言之彼以貌來宜爲之

備昭烈盛兵西陵範曰終當和親皆如言大帝以爲

騎都尉領太史令數從訪問欲知其訣範秘惜其術
不盡語大帝恨之初大帝爲將軍時範嘗言江南有
王氣應在亥子之間大帝曰如言以君爲侯及立爲
吳王範時侍宴曰昔在吳中嘗言此事大王識之耶
大帝曰有之因呼左右以侯綬帶範範知大帝欲以
厭前言推不受及後論功行封以範爲都亭侯詔當
出大帝恚其愛道於已也削其名後卒大帝追思之
募三州有能舉知術數如範者封千戶侯卒無所得
晉嚴卿會稽人善卜筮鄉人魏序欲暫東行時荒年

多抄盜令卿筮之卿曰君東行必遭暴害之氣而非刼也宜禳之可索西郭外獨母家白雄狗繫着船前求索只得駁狗卿猶恨其色不純當餘小毒及六畜輩耳序行半路狗忽作聲甚悪比視已死其夕序墅上白鵝數頭無故自死而序家無恙

宋孔靈產山陰人泰始中罷晉安太守有隱遁之志於禹井山立館事道精篤頗解星文好術數齊高帝輔政沈攸之起兵靈產白高帝曰攸之兵衆雖強以天時冥數而觀無能爲也高帝驗其言擢遷光祿大

夫以篚盛靈產上靈臺令其占候餉靈產白羽扇素隱几曰君有古人之風故贈君以古人之服當世榮之

唐沈七越州人善卜李丹員外謂之曰聞消息李侍郎知政事某又得給事中如何沈七云李侍郎即被追不得社日肉喫後此無祿公亦未敢不得給事中其時去社纔十四日果有勑追李侍郎去社兩日而上道至汴卒李亦不得給事中

吳仁璧女少能詩兼明元象陰陽之學天復中仁璧

登進士居越中甚貧困閒常徉往乞於市女曰大人愼出入恐罹網羅巳而錢武肅王命撰其母墓銘仁璧不從遂被縶女泣曰文星失位大人其不免乎遂併女沉之東小江女年十八

宋姚寬精天文能决金亮之敗詳儒林傳

元張德元不知何許人至正閒嘗爲諸曁州吏目避亂居山陰有奇術善觀字知吉凶生一子名之曰槐忽謂友人是兒必死槐字木傍鬼非死兆耶未幾兒果卒其友病以豐字示之德元曰死矣明日訃至或

問其故德元曰豐字山墓所也兩丰封樹也豆祭器也墓既成矣尚欲生乎或以命字揖德元使占人病德元曰已死君持命字以揖垂命之兆也已而果然

徐總制書字問德元德元曰據字今夕君當納寵徐歸其夫人呼一婦人出拜乃乳媼也嘗飲劉彥昭家曰今夕復有客已而客至問之德元曰吾聞滌器聲故耳

明馮汝賢諸暨人永樂中任蒲臺縣丞亦精相字術

邢元愷㠌人瞽目課卜多奇中 以上占候

宋莫起炎山陰人少習舉子業不利乃絕世故着道士服更名洞一號月鼎師青城山徐無極及南豐鄒鐵壁傳斬勘雷書能召鬼神驅叱之寶祐六年浙東大旱紹興守馬鸞迎致之起炎登壇瞋目按劍呼雷神役之即陰霧四起震雷大雨理宗作詩賜之元初見世祖於內殿世祖曰雷可聞乎起炎即取袖中核桃擲地雷應聲發又命請雨雨隨至

元馮道助山陰人善幻術凡里中犬齧人者道助指之則狂猘以死有村夫板築道側見行者偶妨其業

則詈之道助摘草置其上已而所築連堵皆潰三伍
戍卒侮之遜謝不與較但引之坐石橋上道助既去
戍卒踰時不能起道助行二十里許摘草與樵者曰
某橋上有戍卒數人可以此草與之樵夫如言戍卒
始能去嘗至丁墟呼農夫渡不得遂幻雙鯉躍田中
見者取鯉未盡蹂躪又嘗暑行至顧埭乞瓜于圃人
弗與蔓中忽走一白兔行者爭逐之瓜蔓亦盡傷後
符籙事發覺有司遣人持牒往捕適與捕者遇於途
取捕者公牒去而捕者昏然不見

明鄺元眞諸曁人幼學道術年五十而術通能驅雷電宣德間過大部鄉宿農家其家無烟而火沙石從空中下元眞書一符焚之卽有大雷震死一狐

葉元新昌人幼時渡槐潭溺水見一赤面長鬚人救不死自是遂通符咒諳五雷祈雨法成化間郡大旱守白公延之祈雨卽時大澍府倅女爲妖所惑書符懸之少頃震雷擊巨蛇死女漸愈後不知所終

黄裳字丹霞世居天台後寓上虞挾五雷法遇旱祈禱輒應年八十六卒 以上符術

楊宗敏新昌人永樂間有異僧扣門乞館穀之因授宗敏堪輿術已遂得神解登山隔十里許即知作穴所向及倒杖不爽毫釐人稱爲楊地仙

駱用卿餘姚人積學不第以經術授徒他郡族故有戍籍在關中適徵檄至應代者不欲往偵用卿解館歸未至家賄來卒倉猝以用卿行至彼以衛學生中陝西鄉試正德三年進士歷官兵部員外郎致仕僑居通州精堪輿術嘉靖中建初陵大學士張孚敬與尚書汪鋐交薦之擇地於十八道嶺具圖說以進遂

川之即永陵是也用卿卒於通州 以上堪輿

晉 于法開見仙釋傳後避支遁居剡更學醫術明解嘗旅行暮投主人其家妻臨產而兒積日不墮法開曰此易治耳殺一肥羊食十餘臠而針之須臾兒下羊膋裹兒出

齊 徐熙東海人僑居山陰秦望山嘗遇一異人遺一瓠曰君子孫宜以醫術顯開之乃扁鵲鏡經遂精醫學後子孫皆以醫名

宋 張永洛陽人以醫術爲翰林醫學與太醫令李會

通同府先時會通治宮中疾用煎劑妙效承議爲散進之即愈詔擢會通爲駐泊郎會通奏功由於承因同授駐泊郎行八人呼爲伯八駐泊扈從高宗南渡因家餘姚後登進士積勞至禮部尚書學士所著有衛生家寶及小兒方傳于世子孫精醫者甚多皆以駐泊爲名駐泊不知何義俗傳醫術精舟車集焉因得名按稱授駐泊郎似是官名考宋史職官志無駐泊銜第醫官內有保安郎權易副使豈即此官而人稱之曰駐泊耶

元滑壽字伯仁儀眞人僑居餘姚少學醫于京口王居中受素問難經以素問篇次無緒難經又多缺誤

乃類次手抄而讀之且爲之注巳乃參考張仲景劉守眞李明之三家而大同之得其開闔流注方員補瀉之妙又傳鍼法於東平高洞陽究十二經及督任二脈走會屬絡流輸交別之要通考隧穴六百四十有七而施治功以盡醫之神秘由是所療無不奇效能决生死一婦孕患腹痛呻吟隔垣聞其聲曰此蛇妖也砭之產數蛇得不死又一婦臨產而死覩之曰此小兒手捉其心耳砭之即甦少頃兒下大指有砭跡姚人所傳如此壽無問貧富皆往治報不報弗較

也與朱丹溪彥脩齊名在淮南曰滑壽吳曰伯仁鄞越曰櫻寧生所著有十四經發揮三卷及難經本義讀傷寒論抄診家樞要痔瘻篇醫韻等書傳于世今子孫爲餘姚人知府浩是其孫葉知府逢春云壽蓋劉文成基之兄易姓名爲醫文成既貴嘗來勸之仕不應留月餘乃去

陳白雲紹興人不知何名項昕傳其醫術

項昕字彥彰温州人僑居餘姚自幼業醫從金華朱彥修錢塘陸尚靜集慶戴同父紹興陳白雲受五運

六氣之説治病往往奇中著脾胃後論補東垣之未備爲人美髯喜詞章善音律

貝瓚字彦中上虞人貝氏世業儒而瓚以醫聞

王公顯新昌人字達卿性聰敏方元盛時人習科舉業其父乃使學醫私語之曰不久將有干戈之難汝勿求仕業醫則可矣由是公顯遂精於醫未幾南北兵起父言果驗邑中大疫公顯與其子宗與治問療治之所活甚衆孫性同明洪武中舉醫學訓科

明石達字良仁諸暨人宋尚書公弼之後洪武中以

辟薦至京師會諸王有疾近臣或言逵善醫詔視之
有效自是遂以醫顯後爲御醫院使戴元禮甚推重
之
俞用古新昌人以神醫名有病人方危篤呻吟卧延
用古治一人無病欲試用古術亦避入帳内作病狀
用古俱診之曰呻吟者可治初病者膀胱氣絶必死
主人大笑之已而其人果以忍便急溼泄卒而病篤
者竟愈王氏數口忽皆瘖啞醫莫治用古見雞毛盈
厨曰吾得之矣蓋雞是時多啄半夏其毒在内取姜

汁飲之立愈一女子欠伸兩手直不能下用古曰須
灸丹田因灼艾詐作欲解其裩帶狀女子驚護之兩
手遂下

樓英蕭山人字全善精於醫居元度巖有仙巖文集
二卷又著氣運類註四卷醫學綱目四十卷

樓宗望蕭山人亦以醫名永樂間召至京師賜予甚
厚

胡廷寅名諲會稽人以字行幼業儒長遇異人遂精
醫術成化中徵至京師授御醫歷左通政

黄武字維周山陰人習舉子業不就乃學醫先是越人療傷寒輒用麻黄耗劑武獨曰南人質本弱且近世人鑿伐甚多本已撥而攻其表殺人多矣乃投以參芪輒取奇效自是越之醫咸祖述之

費傑字世彥山陰人曾大父子明爲元世醫至宗傑尤精患劇疾者雖百里外必迎傑傑至投一二劑輒效性仁厚嘗設藥餌以周邑之貧獨者又葬疏遠無歸者數十人嫁外姓之孤者五人時劉憲使患熱症或誤投以桂附瀕死傑亟疏治之乃甦竟不居其功

憲使甚賢之郡守戴琥尤重其雅謚加賓禮焉所著有畏齋詩稿名醫抄經驗良方子愚登進士仕至郡守

道人無名氏亦不知自何來戴華陽巾披鶴氅自言精方藥凡針藥所不能及者能刳割滌洗若華旉然人不信過嵊之長樂鄉有錢遵道者病噎不治自念刳割不驗死不刳割亦死均死請以醫試道人用蔴沸散抹其胸割之長七八寸許出痰涎數碗遵道暈死無所知頃之甦以膏傅割處四五日差噎亦愈復

能飲食道人不受謝去

金幹字伯乘山陰人精保嬰術終身不計財利不避寒暑不先富後貧越俗醫家多出入肩輿幹年八十餘猶步行曰吾欲使貧家子稍受半鏹惠耳又有鬻妻以償官錢者即如數代償之令完好如初孫蘭官太常卿　並祀鄉賢

唐繼山會縣人少喜讀書長而習醫多奇效尤精脉理能决死生于數年之前有脉訣行世

陶廷桂字秀夫會稽人少工醫有病瘓瘲者晝夜震

悼諸醫投療勿效桂聞自榜能治飲藥及盂末燥愈耳桂于是知名

陶廷佑字吉夫會稽人少英爽伉直授醫于族兄廷桂通內難大旨療治多奇中尚義輕財晚年家愈貧質衣市藥意未嘗怠始無子年五十餘生子二人老而抱孫焉

張介賓字景岳會稽人素性端靜易與難悅年十三隨父至京學醫于金英盡得其傳醫法東垣立齋喜用熟地黃人呼爲張熟地著有類經一書爲葉寅陽

嘆賞卒年七十八

呂東常嵊人成化間治傷寒有異效

趙世美字國用餘姚人官御醫從弟錦以劾嚴嵩下詔獄并逮世美折其一指世美不屈語多侵嵩時楊繼盛沈束同在獄中世美相與唱和爲詩詞事解得釋隆慶初復故官上疏太醫院諸弊指斥內侍再下詔獄削職

馬勲字希周會稽人幼喜習醫夢授秘方覺而不怠治母疾良愈後占死生如燭照刀圭所施無不立起

一時翕然稱神醫孫煃萬曆甲午舉于鄉喃喃録云今年登第必馬郎中孫以其隱德厚也是科果登賢書元孫維陛號芝嶠萬曆己未進士授東莞令清保伍絕盜源察周四及鄰部諸生冤逮近頌神明擢工曹陞瑞州知府鎮以廉靜徤訟者化爲醇良郡多逋賦陛不忍以催科困民陞南瑞道會艾殁趨歸哀毁甚浹歲竟卒性冣廣宦游廿載田不滿二頃癸產餘則合子姪而均析之未嘗少私人尤以爲難云

孫燮和字越陽山陰人幼穎異能詩文讀書過目成

誦志切救世專精岐黃就醫者不論貧富詳審精密檢閱方書幾廢食寢庚辰歲荒加以時疫副使鄭瑄奉常金蘭撫軍祁彪佳設立藥局延熒和主之全活無數鄉里翕然稱焉又好施予供母饔飧外盡爲周卹宗黨姊氏促居就食甥婿女配皆力爲之子襄化山陰諸生宣化康熙丁未進士授曲陽令

張培字伯凝山陰人國學生文恭元忭曾孫生而岐嶷讀書過輒成誦從祖父官友四方遍交天下士性慷慨急患難揮千金無難色生平負大畧不見用行

良宰相事以濟人爲急踐載方技而其學問洪深不愧名賢之後子錕國學生能詩文藝林重之

王元輔字施仁山陰人幼業儒少孤秉性仁慈每以濟人爲念適一老翁詣家與語岐黃精奥元輔敬禮之晨夕罔怠後辭去于臂間出秘録授之曰女得此可以壽世兼導以攝養之法自是以醫名每遇貧乏孤寡必先診視歲所存活不勝指屈好善樂施終身不倦子三長之翰舉于鄉次之俊亦以醫行世

張時龍倪涵初施應期先後皆以醫名吾越良醫之人

後類多顯者以其隱德厚也而時龍不娶涵初無嗣又當別論矣以上醫

〔周〕陳音楚人善射范蠡進于越王因令教軍士習射于北郊之外詳武備志以上射

〔漢〕蔡邕見寓賢傳篆隸絕世尤得八分之精微體法百變窮靈盡妙嘗待詔鴻都門下見役人以堊帚成字感而爲飛白飛白之書自邕始於會稽作筆論曰欲書先散懷抱任情恣性然後書之若縮閣務雖中山兔毫不能佳也又云書有二法一曰疾二曰澁得

疾澁二法書妙盡矣

魏虞松字叔茂餘姚人官至中書令大司農竇泉述書賦云名微格高復見叔茂體裁簡約肌骨豐婷如空凝斷雲水泛連鷺

嵇康見隱逸傳唐人書評云康書如抱琴半醉詠物緩行又若獨鶴歸林羣鳥乍散述書賦云精光照人氣格凌雲力舉巨石芳逾衆芬

晉孔侃字敬思山陰人歷官至大司農有名江左善行書

孔愉字敬康侃之從弟見鄉賢傳善草書述書賦云思行則輕利峭峻驚虬逸駿康草則古質鬱紆落翮摧枯

謝藻字叔文山陰人官至中書侍郎述書賦云叔文法鍾繊薄精練用筆雖巧結字未善似漸陸之遵鴻等窺巢之乳燕

丁潭字世康見鄉賢傳述書賦云反古不忘吾推世康似無逸少如稟元常猶落泰階之蓂莢綴秘府之芸芳

王羲之見寓賢傳七歲善書十二見前代筆說於其父枕中竊讀之母曰爾看用筆法父見其小恐不能曰待爾成人吾授也羲之拜請今而用之使待成人恐蔽兒之初令也父喜遂與之不盈月書便大進衛夫人語太常王策曰此兒必見用筆訣近見其書便有老成之智流涕曰此子必蔽吾名學書久或時冠履皆墨五十三書蘭亭序五十六書黃庭經書訖空中有語卿書感我而況人乎吾是天台丈人嘗以章草答庾亮亮示弟翼翼時亦以善書名見之乃歎服

因與羲之書云吾昔有伯英章草十紙過江顛狽遂
乃亡失常歎妙迹永絕忽見足下答家兄書煥若神
明頓還舊觀遊天台還會稽值向夕風月清朗題字
洞庭臺柱其飛字宛若龍爪後人稱爲龍爪書其他
題扇書几換鵝事語在山川物產志每自稱我書比
鍾繇當抗行比張芝草猶當鴈行也庾肩吾書品曰
探妙測深盡形得勢烟華落紙將動風彩帶字欲飛
惟張有道鍾元常王右軍其人也張工夫第一天然
次之鍾天然第一工夫次之王工夫不及張天然過

之天然不及鍾工夫過之論者稱其筆勢飄若浮雲矯若驚龍梁武帝評曰王右軍字勢雄强如龍躍天門虎卧鳳閣唐文皇贊曰烟霏露結鳳翥龍蟠孫過庭書譜曰樂毅論情多佛鬱東方贊意涉瓌奇黄庭經則怡懌虛無太師箴又縱横爭折蘭亭興集思逸神超私門戒誓情拘志慘羲之書多不一體隸行草章草飛白五體俱入神隸今真書也入分入妙畫亦精絶米南宫云右軍筆陣圖前有自寫真今茂苑章氏帖摹焉妻郗氏亦工書有七子少子獻之最知名

元之凝之徽之操之並工草黃伯思曰逸少書凝之得其韻操之得其體徽之得其勢渙之得其貌獻之得其源

獻之見鄉賢傳尤善草隸幼學於父次習於張芝其後別刱法率爾師心冥合天矩年五六歲時學書右軍從後潛掣其筆不脫乃歎曰此兒當有大名遂書樂毅論與之能極小眞書行草尤多逸氣嘗白其父曰古之章草未能宏逸今窮僞畧之理極草縱之致不若藁行之間於往法固殊大人宜改體張懷瓘云

子敬才高識遠行草之外更開一門夫行書非草非眞離方遁圓在乎季孟子敬之法非草非行開張於行流便於艸風行雨散潤色開華數體之中最爲風流者也後世或謂破體書嘗與簡文帝書十許紙題最後云下官此書甚合作願聊存之書品云泥帚最驗天骨製筆復識人工一字不遺兩葉傳妙獻之又妙於畫桓溫嘗請畫扇誤落筆就成烏駁犉牛極妙絕又書駁牛賦于扇上此扇義熙中猶在

郗愔見職官志後居會稽善行書少與右軍齊名

謝安見寓賢傳學正書于右軍右軍云卿是解書者

書品云謝安郗愔草正並驅王僧虔云謝安亦入能流殊亦自重得子敬書有時裂作校紙

謝道韞見列女傳善行草李嗣眞書品列在中下曰雍容和雅芬馥可玩

謝敷見隱逸傳善草隸王僧虔曰謝靜謝敷並善寫經亦入能境

葛洪見仙釋傳米元章云洪天台之觀飛白爲大字之冠古今第一

〔宋〕賀道力山陰人吳興令善草書尺牘尤美王僧虔曰賀道力書亞丘道護述書賦云道力草雄圓轉不竆壯自躬之體格疲逸少之流通

謝靈運見儒林傳母劉氏王獻之甥故能書特多獻之法王僧虔曰謝靈運書乃不倫遇其合時亦得入流昔子敬上表多于中書雜事中皆自書竊易眞不上謝大傅殊禮表亦是其例今有刻在關中王元美云非也乃中載靈運詩耳內尙有唐人兩絕句眞蹟在無錫華氏庚肩吾書品靈運在下之上

謝方明見鄉賢傳述書賦云二謝兩張連輝並俊小王風範骨秀靈運快利不拘威儀或擯猶飛湍激石雹注雷迅方明寬和慰媚且潤如幽閑女德禮教士亂惠連即方明子也

孔琳之見鄉賢傳善書與羊欣齊名時稱羊眞孔草王僧虔曰琳之書天然絕逸極有筆力規矩恐在羊欣後梁武帝書評謂如散花空中流徽自得書品列中之上妻謝氏亦工書

孔廞字季舒會稽人官至光祿大夫述書賦云季舒

纖勁循古有禮遇稀難評惟署一啓

（梁）謝善勛山陰人初齊末王融圖古今雜體有六十四書湘東又遣沮陽令韋仲定爲九十一種善勛增其九法合成百體其中以八卦書爲第一以太小爲兩法徑丈一字方寸千言

陶弘景見仙釋傳武帝嘗與論書評其書如吳興小兒形狀雖未成長而骨體甚峭快

（陳）僧智永師七世祖逸少於永欣寺樓上積年學書業成方下有禿筆頭十甕每甕皆數石人來覓書者

如市戶限爲之穿穴乃用鐵裹之人謂鐵門限後取筆頭瘞之號退筆塚自製銘誌臨寫眞草千文八百本江南諸寺各留一本虞監云一字直五萬王司馬元美云少時任尙書郎曾見一絹本智永千文于山陰董氏妙墨深入膚理滃鬱欲飛眞神物也今張子藎家亦有眞草千文是楮紙寫云是王文成家物徐文長定爲智永書

僧智果工書銘石甚瘦健煬帝甚善之果嘗謂永師曰和尙得右軍肉智果得骨

賀朗會稽人工書官至秘書監述書賦云賀氏曰朗雖非動人不乏筆力猶阻學貧

隋虞綽見儒林傳工草隸書後品云鋒穎迅健

唐虞世南見鄉賢傳隸行草入妙本師于智永及其暮齒加以遒逸得大令之規矩姿容秀出秀嶺危峯處處間起行草之際尤所偏工世謂與歐陽詢智均力敵然虞內含剛柔歐外露筋骨君子藏器以虞爲優太宗學其隸書每難于戈法一日書戩字召世南補寫其戈以示魏徵徵曰戩字戈法逼眞帝賞魏公

之精後李帝歎曰吾無與論書者矣族子纂書有叔
父體而風骨不及
僧辨才智永弟子臨其師書過真百家技藝悉造其
妙寶愛蘭亭真跡太宗求之不與用蕭翼賺得之詳
古蹟志
賀知章見儒林傳善草書好事者供其牋翰每幅不
過數十字共傳寶之與張旭同遊遇人家墻壁屏障
輒率意落筆
徐師道字太真會稽人裴行儉辟授九龍尉棄官歸

精於翰墨

嶠之師道子字惟嶽以書翰世其家有氣節嘗面諍張易之終洛州刺史正書入妙行書入能今閣帖所摹春首帖是洛州時書甚有大令姿態常書告身米元章曰唐官告在世為徐嶠之體殊不俗

浩嶠之子見鄉賢傳少授筆法于父後以明皇字體肥遂稍加肥以合時好常書四十二幅屏風八體皆備其朔風動秋草邊馬有歸心十數字草隸相參皆為精絕世狀其法曰怒猊抉石渴驥奔泉米元章曰

浩書如蘊德之士今世所傳聖德感應頌碑是浩隸書述書賦云廣平之子令範之首婭姹鍾前逶迤王後浩古跡記末云臣長男璹臣自教授幼勤學書在於真行頗知筆法使定古跡亦勝常人又子峴亦工於行草石曼卿得其石刻屢稱於人四葉書名世罕其儔矣

潘述會稽人張撝因淑獻書闕廷拜龍興尉述書賦云潘袁兩傾竭

宋杜衍見鄉賢傳善書蔡君謨推以草聖晚年益工

鄭子經衍極問宋之名家曰杜祁公之流便

張郎之蕭山人叅知政事孝伯之子以父蔭歷官司農寺丞授直秘閣致仕書名滿天下金人極愛重之懸餅金購募喜作擘窠大字不一詩輒盡一幅絹尤飛白

明張員字壹民一字天民左目無瞳子自稱左瞽善草書亦工畫然不爲貴勢人作洪武初辟爲開化教諭

魏驥見鄉賢傳藝苑巵言云魏孜員書名雖圓健而不

免俗

沈恪字克敬會稽人爲人孝友善題署魏公驥林公鶚皆重之今子孫猶世其楷法

王新建守仁見理學傳善行書出自聖教序得右軍骨第波竪微不脫張南安李文正法耳然清勁絕倫所至好題壁今皆勒石後營宅郡城舁歸姚常寓其從弟其宅其傒其至輒具佳紙磨墨滌硯置案上守仁興到則書之挂軸横卷堂額門帖無所不有今皆有力者購盡

鄒魯遺餘姚人善署書法張即之今西興渡莊亭古蹟是其所書書家謂入能品

陳寉前附隱逸傳高自位置恒稱中國陳鳴野真書得晉人位置法頗有韻第太肥乏鋒穎自云出鍾太傳其徑四五寸以上者固勁秀絕俗草效狂素龍蛇滿紙亦枯硬恨結構未密畫未是當行家稍能以巳意勝酣餘對客揮毫亦自翩翩然總之不若其詩

楊珂見隱逸傳王司寇元美跋其所書雜詩云余初入比部時同舍郎吳峻伯論書法輙云故人楊秘圖

珂者今之右軍也余購得此卷不勝喜以示峻伯峻伯字爲之解云此非右軍而何余時心不能服然無以辨之又數載稍稍識書法一日檢故卷出而更閱之蓋楊生平不見右軍佳石刻僅得今關中諸王邸幡搨十七帖其結構盡訛鋒勢都失別作一種細筆而臨摹不已遂成鎮宅符又似雨中聚蚓耳然詩語亦得一二佳者今聞其人尚在多作狂草或從左或從下起或作偏傍之半而隨益之其書益弱而多譌然自負日益甚詩亦日益下第其爲人瀟灑食貧有

遺世之度可念也
徐渭詳序志是懸筆書所臨摹甚多壁窠大字類蘇
行草類米其書險勁有腕力得古人運筆意恨不入
俗眼吳人稱祝允明日當其窘時持少錢米乞書輒
隨手得巳小饒更自貴也渭亦然其論書訣云分間
布白指實掌虛以爲入門迨布匀而不必匀筆態入
淨媚天下無書矣握入節乃大忌于古人甚服索靖
以爲精而傲篆近世書甚取倪瓚而不滿趙吳典以
上書

晉戴逵見寓賢傳善圖畫窮巧丹青十餘歲在瓦官寺畫王長史見之曰此童非徒能畫亦終當致名恨吾老不見其盛時耳嘗就范宣學范以畫無用不宜勞思逵乃畫南都賦圖范看畢咨嗟甚以爲有益始重畫中年畫行像甚精妙庾道季看之曰神明太俗由卿世情未盡逵曰惟務光當免卿此語耳逵亦工書總角時以鷄子汁溲白瓦屑作鄭元碑自書刻之人謂文既奇麗書亦妙絶

唐陳閎會稽人善畫尤長于人物以能寫眞本道薦

之元宗開元中召入供奉每令寫御容妙絕當時元宗射豬鹿兎按鷹等并夜舞圖皆受詔寫貌又太清宮肅宗像匪唯龍章鳳姿日角月宇之狀而筆力遒潤風彩英逸合符應瑞天假其能也閻立本之後一人而已咸宜觀天尊殿內畫上仙圖及當時供奉道士等眞皆一一工妙又嘗爲徐侍郎畫本行經旛二口有女能織成妙絕無並其寫眞入神人物子女等前後罕倫元宗嘗令京兆韓幹師閎畫爲唐畫斷云陳閎貌之于前韓幹繼之于後寫渥洼之狀不在水

中移驪褱之形出于天上韓故居神品陳兼寫真居妙品上

孫位會稽處士有道術兼攻書畫皆妙得筆精僖宗西幸之年隨駕止蜀曾于應天寺門左壁畫天王部從鬼神奇怪斯存筆勢狂縱三十餘年無有敵者景煥其先亦專書畫嘗與翰林歐陽學士炯迺忘形之友一日聯騎同遊兹寺偶畫右壁天王以對之渤海其公觀其逸勢復作歌行一篇以紀之續有草書僧夢龜後至又請書之于廊壁上書畫歌行一日而就

傾城人看塡咽寺中成都號爲應天三絶〔景公歌行錦城東北黃金地故跡何人興此寺白眉長老重名公曾識會稽山處士寺門左壁圖天王威儀部從來何方鬼神怪異滿壁走當簷颯颯生秋光我聞天王分理四天下水晶宮殿琉璃瓦綵仗時驅拂琳裝金鞭頻策騏驎馬毘沙大象何光輝手擎巨塔淩雲飛地神對出寶餅子天女倒披金縷衣唐朝說著名公畫周昉毫端善圖寫張僧繇是有神人吳道子稱無敵者奇哉妙手傳孫公能于此地留神蹤斜窺小鬼怒雙目直倚越狠高半胸寶冠動總生威容趨蹌左右來傾恭臂橫鷹爪尖纖利腰纏虎皮斑剝紅飄飄但恐入雲中步驟還騰歸海東蟒蛇拖得渾身墮精魅掤來雙眼空當時此藝實難有鎮在寶坊稱不朽東邊畫了空西邊留與後人教敵手後人見者皆心驚盡爲名公不敢爭誰知未滿三十載或有□來聞□生臣山處士名稱朴頭骨高奇連□五嶽僧持象簡累爲官又有蛇珠常在握昔年長遇□奇蹤今日門師識景公

興來便請泥高壁亂搶筆頭如疾風逡巡隊仗何頸
逸散漫奇形皆湧出交加器械滿虛空兩面或然如
鬬敵聖王怒色覽東西劍刃一揮皆整齊腕頭獅子
咬金甲脚底夜叉擊絡鞮馬頭壯健多筋節烏嘴彎
環如屈鐵遍身蛇虺亂縱橫遶頷髑髏乾子裂骨粗
眼豎髮如錐怪異令人不可知科頭巨卒欲生鬼半
面女郎安小兒況聞此寺初興置地脈洸洸當正氣
如何請得二山人下筆咸成千古事君不見明皇天
寶年畫龍致雨非偶然包含萬象藏心裏變現百般
生眼前後來畫品列名賢惟此二人堪比肩人間事
物皆求得此樣欲於何處傳嘗憂
壁底生雲霧揭起寺門天上去

僧道芬會稽人畫山水格高

宋丁權字子卿會稽人善畫竹自述竹譜

賀其會稽人方回裔孫號鑑湖懶民作平遠細竹瀟

灑可愛

元尚雨字仲彬山陰人善山水雜畫松石師郭熙墨竹瀟灑可愛

鮑敬字原禮山陰人善畫人物亦善花木禽魚嘗爲人畫牡丹恣態天然牛效李廸

陳憲章會稽人善畫梅有聲京畿

楊維翰字子固諸暨人維楨之從兄善水墨蘭竹爲柯九思所推

毛倫字仲庠諸暨人貧而放情吟咏善畫牛及木石

張英字仁傑諸曁人有儒行善畫花鳥

鄭舜見儒林傳善畫草蟲蘭蕙

明王冕見儒林傳善畫梅不減楊補之

俞鵬字漢遠上虞人善畫浪遊兩京名重公卿間性

耿介時有巨璫欲薦授一官郎僵卧不肯起其畫亦

不易得興至乃寫

袁子初字叔言上虞人流寓江右寫梅得王元章法

史琳字元瑞餘姚人仕至右都御史贈太子太保善

墨竹居官甚廉故居止構一廳又湫隘甚

楊榮字時秀餘姚人成化八年進士歷官都水郎中轄南河以擅執壽寧侯家人逮詔獄放歸尋卒亦善墨竹嘗作竹于徐州公署壁上後其孫刑部侍郎大章爲勒石馬榮工于詩舉人不第時嘗于舟中著和唐音一部後行於世

馬時暘名暄以字行精丹青尤善古隸弘治初徵入內殿供事授錦衣衞撫

史旦嵊人畫禽鳥甚精所爲蘆花羣雁卒愛重之

錢世莊嵊人工畫驢色態飛動如生

楊節字居儉餘姚人弘治末以懷才抱德舉巳乃以善書直內殿爲序班正德初餘姚人咸逐節亦謫爲袁州檢校逾數年推高郵判官還家卒書放顔魯公更加瘦勁畫菊有草書法亦能文章

徐蘭字秀夫餘姚人善水墨蒲萄行書彷彿趙松雪

孫堪字伯子忠烈燧之子見前傳善畫菊初受法于舅氏楊節晚年乃時出新意性本愛菊所居輒種菊日夕玩之故畫毎得其神其畫格亦與衆别黄紫參差出儼如庭植書學顔魯公行草咄咄逼坐位帖王維

楨孫伯子畫菊歌畫菊自有孫伯子眼中菊花無顔色于葩萬蕚出愈奇鄭老王丞掩不得鄙人重菊尤重孫初乞一揮桂吾軒霜天摇落羣芳盡錦石峥嶸數樹存坐觀立玩忻還訝紫艷金英爛相射恍惚如遊廿谷叢葳蕤疑榜東籬下東籬廿谷杳難尋畫手千年祇見今細葩疎枝秋嫋娜含烟帶霧氣蕭森吁嗟伯子之菊奚爾殊少川致品自三吳外畦列植繞山墅朝吟把朶夕對壺一吟一醉情相悅便欲因之向點綴濡毫拂絹花神愁生色真機造花泄名筆今餘二十年長安門閾踏將穿孤芳一出連城幾尺幅持來萬戶傳孫伯子勁氣貞操無與比畫中霜幹宛相似巳知勲望收人寰况覩丹青推帝里東園繁華李共桃才看綽約終飄摇南渚芙蓉惟稱絕娉婷可耐秋風高三花總不煩君子煩君更寫菊之友紫蘭翠竹鬬青泉天寒歲暮恆相守

朱太僕南雍山陰人善畫山水木石法出吳沈周亦

或效倪瓚甚清勁絕俗

沈太守襄會稽人少卿鍊之子善墨梅幹隨筆生枯潤咸有天趣

陳洪綬字章侯諸暨人方伯性學之孫素豪放飲輒斗酒好吟詠爲諸生未幾輒棄去覃思書法不屑倚傍古人及作畫則染翰立就無論知與不知皆謂奕奕有生氣以故書與畫世爭購之雲間陳繼儒曰章侯畫爲工字次之詩又次之身歿益爲遠近所重蓋其晚年筆意繼儒猶未之見

以上畫

漢蔡邕妙操音律桓帝時五侯擅恣聞邕善鼓琴白帝敕陳留太守督促發遣邕行至偃師稱疾而歸後避地會稽見柯亭椽竹知其可以爲笛詳古蹟志又在吳有燒桐以爨者邕聞火烈之聲謂是良木請裁以爲琴果有美音而尾猶焦傳元琴賦曰蔡邕焦尾是也所精曲世傳蔡氏五弄

魏嵇康博綜伎蓺于絲竹特妙而尤工于琴人稱嵇琴嘗遊洛西投宿華陽亭了無人獨在亭中至一更操琴先作諸弄聞空中稱善康撫琴呼之曰君何以

不來此人云身是古人聞君音曲清和故來聽耳而就中殘形不宜以接侍君子巳髣髴漸見以手挈其頭遂與康共論聲音其辭清辯謂康君試過琴康以琴授之既彈悉作衆曲亦不出常惟廣陵散絶倫康從受之半夕悉得與康誓不得教他人亦不言姓字一云康夜彈琴忽有一鬼著械來歎其手快曰君一絃不調康與琴調之聲更清婉問其姓名不對疑是伯喈康臨刑時問其兒曰向以琴來否耶兒曰以來康取調之爲太平引曲成顧視日影歎曰太平引于

今絕也晉書謂是廣陵散絕

晉賀思令會稽人善彈琴常夜坐月中臨風鳴絃忽有一人形貌甚偉著械有慘色在中庭稱善便與交語自云是嵇中散謂賀云卿下手極快但于古法未備因授以廣陵散賀遂傳之今世所傳譜是也

戴逵善琴武陵王晞召之即破琴晞怒乃更引其兄述述聞命欣然操琴而往逵子勃顒不忝傳父琴更造新弄顒亦有傳

王敬伯餘姚人善鼓琴仕為東宮扶持嘗至吳郵亭

絳州中渚秉燭理琴見一女子被幃而進二女子從焉先施錦席于東床旣坐取琴調之聲甚哀女子曰此曲所謂楚明光者也惟嵇叔夜能爲此聲自此以外傳習數人而已

唐獨孤生失其名居山陰嘗于鏡湖吹笛有入雲之聲詳古蹟志　以上音樂

晉支公以圍棋爲手談

宋夏赤松會稽人文帝好棊于時江左能棊人瑯琊王抗第一品吳郡褚思莊及赤松第二品赤松思遲

善于大行思莊思遲巧于鬭棊又云抗神速思莊巧
遲抗取勢赤松鬭子

唐王叔文山陰人德宗時以棊待詔後侍順宗東宫
因緣亂政憲宗立乃貶死

宋鄭日新越州人少善棊世號越童

明岑乾餘姚人餘姚自弘治以來俗頗尚奕童子中
往往能布算不數管中窺豹士大夫相聚率遍奕多
擅聲于縉紳間王元美奕旨云今後進中閩有陳生
蔡生越有岑生揚有方生鼎立而蔡與岑尤張甚皆

未可量也岑即乾童時嘗從父遊武林或竟日他往家人惟之乾曰有羣兒呼與奕自是頓異後浪迹京師諸名公爭延之奕名由此顯常奕勝京師顏倫倫近時稱天下第一手也然是時倫巳衰老而乾亦謂余曰與顏奕必謝絕人事養十日精力乃可乾馳名早人謂之小岑惜未及四十卒未見其止于時餘姚又有邵甲者中年奕陡進日月異鼂後止讓乾一道乾甚忌之先乾卒 以上棋

單俊良蕭山人明初創圖籍覈數上其式有詔命天

下法之又以踏車灌田之勞㪅設牛車以機輪轉之

今鄉之牛車單制也　以上匠

紹興府志卷之五十八

續人物志二十一

越州自宋迄明爲志者三其編緝人物語簡而事核質不至俚文不至誕郡邑良史也康熙十年續之末厭衆心至後再修而蕪穢愈甚非痛加芟削不足傳信于人然耳目未周姑仍其舊存之而於後入者自爲一卷以俟後之博雅者論定焉

名宦

許弘勲字無功又字元公奉天遼陽諸生以父廕除

上海圖書館藏書

刑部員外郎歷雲南順寧知府丁艱起復補紹興康熙十三年吳三桂反滇黔耿逆繼之遍布僞劄於浙東奸民互相煽訌遂倡亂連陷諸暨嵊縣新昌刻期攻郡城時副將許捷漫不經心弘勲謀城守事具而賊大至時七月十三日也賊攻常禧門擊却之又從南渡河攻稽山門鋭甚弘勲燃巨炮擊賊賊皆糜爛次日賊復攻五雲門弘勲闢門率衆出城斬賊首數百級溺死者無算賊奔還稽山門十五日寧波援師至與戰逾敗賊衆追至亭山十七日會城滿兵過江

賊聞之潰散初大兵欲入城搜賊耳目至錢清人情洶洶四匿弘勳善清語反覆開譬力止之時郡城獲全屬邑猶未靖八月至大嵐山諭賊吳雙期降之十一月偕參將滿貴進由仙巖直抵賊巢遂破長嶺長樂太平開原蔡灣諸寨賊勢頓衰至桂門山乃班師越境以寧人人謂許公生我總督李之芳疏薦擢副使分巡寧紹以丁憂歸後累至河南布政司使卒於官

李鐸字天民奉天鐵嶺人以兵部武選郎中出知紹

興鐸爲政尚嚴甫下車廉得奸人十餘輩笞殺之民惴惴側足無敢忤者性喜有爲自郡署城垣社稷壇暨鐘樓驛館書院賢祠一切陂塘古蹟朞年俱振起立變從前惰窳然皆徵令猝辦不久即頹廢鐸亦不顧也康熙二十九年餘姚大水漂溺人民廬墓以巨萬其存者饑乏待斃鐸與知縣康如璉設粥厰數十哺之已又念就食妨業乃令各鄉坊上民籍每男婦一人給米四斗幼者半之復製木棉衣若干予寒者全活無算鐸聽獄頗任喜怒亦間爲黠者所紿然守

越四載始終不名一錢後亦漸寬和三十一年調繁杭州民遮道送之蜂擁大哭鐸亦流淚相酬呼聲震屋瓦爲去思盛事焉後以詿誤左遷補霸州守卒於治所如璉山西安邑人康熙庚戌進士後遷晉州知州

王風采字汝載湖廣黃岡人康熙己未進士授會稽知縣風采有幹局能力任大事不肯詭隨時知府李鐸以嚴明稱風采獨嶽嶽與爲異同然潔白自持知府無以難也部民董金氏以姪奪其腴田二百畝詣

京師卯　闔稱浙江無一職官
上賜以黃衣遣歸命督撫鞫之及會訊金氏衣
賜衣不肯庭跪風采在下座叱之褫其衣上官俱色
動卽委風采丈勘所侵地止七畝疏上
上令再讞卒從風采議上官器之風采治縣以戢豪
族安閭左爲務而性復强記自城市至窮鄉其富家
窶子狡邪武斷之徒能歷歷指其名每一牘入懸揣
之輒得其主使與曲折之故及坐聽事出片語摘伏
竟無遁情任會稽十四年民習而安之以老罷官卒

於家訃至越人爲位臨哭郡守俞卿採輿情以許弘勳李鏵及風釆請於學使從祀名宦復祀弘勳於蕺山書院中與劉湯並列焉

寓賢

蔣平階字大鴻江南華亭人也明末華亭夏允彝青浦陳子龍主幾社壇坫招致海內文人兄平階大驚亟邀入社及明亡唐王僭號於閩平階赴之授兵部司務晉御史抗疏劾鄭芝龍跋扈志士壯之福建破遂亡命服黃冠假青烏之術浮沉於世東至齊魯登

泰岱謁曲阜轉徙吳越間樂會稽山水遂家焉康熙十七年　朝廷開史局徵博學鴻詞故人欲爲平階道地亟馳書止之平階詩文詳贍典麗宗雲間派以西京盛唐爲要歸於書弘覽洞究無遺好談幾社人佚事感慨跌宕滾滾不能休酒闌燭炧涕淚隨之聞者服其才而哀其志焉著書十餘種卷以百計殁後皆散落無存遺命葬若耶之樵風涇

鄉賢列傳

鄭遵謙字履恭會稽諸生也父之尹明天啓乙丑進

士歷官山西僉事遵謙好酒𢾽䁥妓金氏金以妬殺
其婢時陳子龍爲紹興推官惡遵謙無賴與金氏併
論死遵謙與東陽許都爲死友獄事急都馳至越白
子龍言天下有事幸毋殺英雄子龍納之得不死順
治二年五月南京破潞王監國於杭州　大兵至浙
王出降遵謙密結數千人於閏六月十一日起兵檄
寧紹道于穎集渡舟截江而守迎魯王於台州稱監
國頌之熊汝霖孫嘉績以餘姚兵至王之仁以定海
兵至張國維以東陽兵至方國安以金華兵至錢肅

樂沈宸荃馮元颺以鄞縣兵至乃議分地汝霖嘉績守白洋之仁守西典國維守長河國安守朱橋范村肅樂等守龍王堂于潁守三江遵謙守小亹封義興伯未幾進爲侯　王師渡江魯王航海遵謙從之崎嶇閩海間爲鄭彩所廹投福清海中死金氏亦赴海殉之

嚴起恒字震生山陰人明崇禎辛未進士除刑部主事歷員外郎中廣州知府衡永兵備副使唐王時擢戶部右侍郎總督湖南錢法永明王立令兼督糧餉

王駐武岡拜起恒禮部尚書兼東閣大學士仍領錢
法王走靖州起恒不及從避難萬村已知王在柳州
間道赴之留守大學士瞿式耜請王返桂林復至柳
州南寧起恒俱左右王會李成棟以廣東附永明起
恒從王至肇慶時朝政決於成棟子元應都御史袁
彭年少詹事劉湘客給事中丁時魁金堡蒙正發五
人附之攬權植黨人目爲五虎起恒在政府廉潔遇
事持平五虎憾之詆爲邪黨王在梧州尚書吳貞毓
等十四人合疏攻五虎下之獄欲寘死起恒爲營救

觸貞毓怒遂併攻起恒因辭位去王眷起恒不已復邀還及桂林破從王奔南寧先是孫可望據雲南遣使乞封秦王起恒不可可望大怒至是遣其將賀九儀張勝等率勁卒五千迎王兵至南寧直上起恒舟怒目攘臂相詰責起恒曰君遠迎主上功甚偉若專問此專是挾封非迎駕也九儀格殺之投屍於江屍流十餘里泊沙渚間虎負之登崖葬於山麓九儀等聞之驚悸累日

高勳字無功明末事永明王歷官光祿卿王在南寧

孫可望迎王入安隆所時奸人馬吉翔龎天壽依可望辱王殺朝臣吴貞毓等十八人後李定國統兵至護王入雲南捕吉翔欲誅之已而爲所諛復薦之入閣握中外權天壽亦用事定國與劉文秀時詣其家勣與御史鄔昌期合疏言定國等功高望重不當往來權倖門疏上定國文秀遂不入朝吉翔激王怒命各杖一百五十除名定國等救之乃復官及定國敗孫可望兵自顧無他患武備盡弛勣與郎官金簡進諫言內難雖除外憂方大伺我者頓兵待兩虎之斃

而我酣歌漏舟之中熟寢熱薪之上能旦夕安耶定國文秀俱老於兵胡泄泄如此定國愬之王王擬杖二人朝士多爭不可移時未決而三路敗書至定國引謝遂獲免後王入緬甸勳與簡扈行並死之簡字萬藏亦紹興人也

鄭嚴高三公皆明末人前志所遺今據王司農進呈明史稿補入

魯栗字季栗會稽人明崇禎癸未進士改庶吉士不數月流賊陷京師栗歸家杜門不出　本朝定東南徵用前代遺佚順治十二年浙江巡按御史葉舟疏

薦於朝以原官召用㮚以疾辭守宰詣門勸駕終不起㮚好讀書雖老耄不少衰丹鉛甲乙嘗至丙夜閒發爲吟咏皆愁苦湮鬱之詞居城南榔潭山水清淑幅巾杖履與味蕭然天下以碩果目之子炯先康熙己酉舉於鄉尋卒㮚兄孫德升字敬矦康熙壬戌進士以庶吉士授檢討鄉試出禮部尚書湯斌門斌於人愼許可獨奇愛德升以遠大朂之而德升寂無宦情入館數年卽告歸儆衣蔬食務爲刻苦其見人雖莱傭馬走亦與講敵禮及貴客至輒引他事避之家

居三十年卒魯氏先後兩太史以清節著名臬遺鼎
革德升恬退自甘皆不究其用爲人所惜云
胡昇猷字允大山陰人占籍順天舉順治丙戌鄉試
丁亥成進士授行人遷戸部主事榷稅北新關出爲
江西福建江南監司後補陝西漢興道時吳三桂反
陷巴蜀將窺漢中全陝俱震昇猷誓師登陴爲堅守
計會修諸葛祠製碑文極言武鄉侯忠勇能明大義
於天下而痛詆叛亂君父者狗彘不食其餘吳逆見
之大怒必欲親殺昇猷賊將王屏藩與　大兵搏戰

昇猷墜馬傷臂被執屏藩將加刄會有解者且欲生致之三桂以洩忿乃囚幽室掠治無完膚而三桂方北抗　王師不暇問因得不死四六載吳逆敗乘間奔軍前

上嘉其抗節立擢四川按察司使旋進大理卿左都御史刑部尚書後以同官讞獄失

上旨昇猷亦鐫級降大常少卿轉副都御史卒於官

余縉字仲紳諸暨人順治壬辰進士除封丘知縣縣濱河明崇禎末年流賊決河灌開封浸及封丘城堞

官舍民居無一存者　本朝定河南疆土漸闢而凋瘵特甚縉百方撫卹治行爲中州冠徵拜山西道御史以終養告歸尋遭艱服闋補河南道巡鹽長蘆又以卜葬請於　朝遂不出家居十有六年而卒縉在臺章疏數十上皆關國體三藩未叛縉請撤其家口於京師復巡撫兵柄相彈壓格於部議不行識者謂老成先見康熙七年浙江提督移駐紹興大帥哈喇符橫而貪縱鈴下卒白晝攫市金奪人妻女攖其鋒者立破越民臥不帖席縉特疏糾之盡臚列其奸事

大帥䖍職民慶更生焉楚妖人朱方旦以能言禍福又雜以講易賦詩煽惑海内朝士競趨之至越越紳奉以爲神士民奔走如沸縉目爲妄男子斥之不踰年妖人伏誅其持正如此

周之麟字石公蕭山人順治巳亥進士改庶吉士授檢討歷國子司業侍讀少詹事左遷太僕少卿復晉僉都御史太常卿通政司使卒於位賜祭葬如禮之麟通籍三十餘年皆仕宦中朝未嘗出國門故乏方面勲名而謹飭周密遇事不激不隨務以恬和導迎

善氣巍然碩德長者也平生嚴取予屏絶華艷服官已久田宅不及中人見人則握手斂容欵欵道故舊非素識者不知爲朝貴常語其子弟曰我居處服食較諸生時不敢一分增我氣概襟懷較諸生時不敢不十分減論者謂之實録

姜希轍字二濱餘姚人世居郡城工部郎中天樞子也明崇禎壬午舉順天鄉試　國初授溫州教授遷元城縣以卓異入爲戶科給事中轉兵禮二垣辛丑分校會試家居數年復起爲戶科至奉天府丞引疾

歸希轍名家子曉暢廟堂典故時諫官皆著手稜侃
侃爭是非希轍所論列獨持大體疏出天下傳誦之
及還家修士大夫居鄉之禮凡郡中利害必白當軸
者不以嫌怨少避老成夙學若黄宗羲蔣平階毛奇
齡輩皆館於家以主盟藝林四方之士趨如流水遂
名徹海內自希轍捐館而前輩風流熄矣年七十八
卒子垚字汝臯國子監學正
姚啓聖字熙止會稽人年十三爲郡庠弟子屢試不
售康熙癸卯旗下開科啓聖乃籍于旗即舉第一除

香山知縣罷歸十三年三藩叛　康親王總師討耿
精忠於閩啓聖募健兒數百赴王王大喜令擊紫闐
楓橋諸賊平之立擢温處僉事隨大兵破仙霞關說
降耿精忠進福建布政司使時海寇鄭經乘耿逆亂
長驅謀進取後退據厦門遣其將劉國軒入犯陷海
澄連破長泰漳平平和諸縣進圍泉州復寇漳州乃
擢啓聖總督即督諸軍邀其歸路大敗賊於漳州斬
首四千餘級生擒千二百八賊還奔海澄遂乘勝復
所陷諸縣已同將軍提督巡撫分三路掃厦門賊潰

迺臺灣福建悉平啓聖加兵部尚書太子少保予世職乃治水師謀航海擣臺灣特薦施烺爲水師提督時烺居京師啓聖以百口保之卒用烺滅臺灣而啓聖厚養將士造器甲戰艦用間招携前後捐金三四十萬臺灣歸版圖啓聖力也先是大兵駐福建閩人困於供億啓聖三疏於朝撤之瀕行禁旅多驅男婦以歸啓聖捐銀泣請於王悉贖以還又請開海禁令流民復業疏凡四上朝議不允

上特命報可所復田園廬墓以萬萬計啓聖底定海

疆數千里勳在社稷而撤兵開界二事功德於閩尤深臺灣平後卒於官年六十啓聖性爽朗用金錢如土嘗念越州父母國移金數萬兩修郡邑庠及三江閘西江塘鄉人至今稱之子儀字長文有絕人神力官郎中授開封知府以願立戰功改總兵官歷狼山辰沅至鶴慶卒

吳興祚字伯成山陰人世居州山爲衣冠望族祖大圭教授遼東之淸河値

太祖龍興遂隸旗下父執忠以貢生授豐城知縣歷

盧龍副使興祚其長子也亦以貢知萍鄉改大寧擢
沂州知州降級補無錫知縣先是無錫令逋賦合十
餘萬羈獄者五人興祚閱囚惻之力請於巡撫以公
事開除其半而餘半以身任之破械出五令盡縱歸
家　康親王征福建知興祚才薦之超授福建按察
司使時耿逆已降鄭經遁歸厦門惟上游延建諸山
多嘯聚奸人奉朱統錩爲渠帥勢甚張興祚進策親
王用撫勦互舉以圖賊王立命興祚行之乃直抵西
山令諸將遙屯布聲勢遣壯士持檄開誠説之其大

校陳龍何應元輩先後輸欵解散萬餘人獨統錩潛贛州山中典祚陽曰贛屬江西非我部下郡也我不奉
詔勅不敢深入遂下令班師而黙察降帥中可任心腹者令蓄髮奔統錩導以趨閩統錩果乘間來設伏擒之支蔓悉平論功擢巡撫同時姚啓聖以方伯晉總督兩人鄉里相得諸軍旅指畫應如桴鼓鄭經將劉國軒攻圍泉漳二郡啓聖禦漳州典祚救泉州從亂山攀藤而進大敗賊衆復永春德化數縣國軒解圍宵遁泉城得全於是策掃厦門分三路進兵

將軍等中路提督總兵右路興祚與各道左路如期會發鄭經潰歸臺灣提聞晋兵部尚書予世職尋遷兩廣總督久之坐事降秩爲副都統轄大同右衛復以詿誤左遷康熙三十七年

上親征厄魯特興祚坐臺有功以疾卒於臺興祚好晋接交游海內名士皆厭飫其心暇則詩文觴咏往往傾囊篋贈之其在廣載萬金散于族屬曰何用齷齪爲子孫計耶以故常困乏及罷官乃不能給衣食至死人皆痛之

呂正音字五正新昌人順治乙未進士除昌樂知縣徵入爲戸部主事正音令昌樂以廉善得民和將赴都門乏道路費戒期不能發父老爲治裝正音悉謝不受典衣而行後以主事出視鳳陽糧儲兼榷關入督寶泉局皆脂膏右職也正音皎皎自持康熙丙午充廣東正主考丁未遷本部員外郎進刑部郎中正音讞獄多平反至大憝極惡則堅持不肯少貸會鞫大帥哈喇庫縱卒毒民諸罪狀同官皆囁嚅相顧正音奮袂掀髯盡鈎摘其事爰書遂成秩滿擢江南按

察使司僉事分巡徽寧徽寧阻山多盜警正音涖任
五載無揭竿者督撫疏聞於朝加級朝議大夫會裁
冗員汰徽寧監司　勑正音回部他補還家不出正
音早歲起交名困於諸生幾五十始舉鄉會及謝官
又九年年七十五卒學者稱蒙軒先生
陳祖法字子執餘姚人康熙辛卯舉人除石門教諭
遷祁縣知縣丁艱服闋補齊東擢晉州知州以詿誤
歸祖法所至有清名性尤愛文章喜成就後學每歲
必四季試試日申飭宰夫營餚膳務求豐腆與宴貴

客相埒其閱文必手定甲乙榜發後自一名至末俱厚有所贈及罷官囊中無長物布袍草履蕭然自得也風流弘長山東西文士咸稱頌云

王穀韋字鄂叔明福建參政以寧孫也康熙庚戌登進士以淮安知府致仕穀韋兄穀振兄子德祚遐祚先後俱成進士爲巨宗而穀韋居鄉有矩度歲時一報謁長吏片牘不至門所從老蒼頭數輩皆衣屨敝敗餙子弟攻苦食淡毋預戶外事其家法稱於越中穀韋初授內閣中書遷戶部主事員外郎刑部郎中

秩滿乃守淮安在部時夏包子作亂伏誅
上諭諸脅從從寬而楚臬多擬重辟進穀韋悉改之
又擬諸戍囚其妻女入旗下穀韋更爲僉妻至戍所
湖廣猺蠻土司稱近洞官山產臭泥可代煤請群蠻
開採時黠胥入蠻賄爲轉啓甚力穀韋熟視之曰此
硫黃也硝黃內地禁物洞中所無蠻圖造火器欲取
之山中而難其名故和土詭爲之白於尚書不許尚
書嘆其能後蒞淮或以兩淮多隱匿涸田入告
上命熊冢宰賜履抵郡察之穀韋進曰淮屬涸田固

多然田坍而征額未除者纍纍是也願以涸田與坍田並報冢宰是其言疏入果得邀上恩蠲免四千餘頃而入稅者止三千餘淮民至今德之

陳捷字顓侯新昌人康熙已未進士改庶吉士授編修捷言詞澀訥終日不發一語斂容危坐凝止如山而溫粹之氣溢於眉宇見者無不愛敬丁艱充河南正主考時有大學士暮夜遣要人饋黃金至寓所求關節捷峻却之要人曉譬百端三至卒不納乃悻悻

去提入闈精心披閱夜漏不五鼓不休稍偃息卽篝
燈而起榜發中州宿學俱聯翩賞拔墨卷至禮部爲
天下冠無可彈射者而提三場發策溯伊洛淵源以
及濂溪有二程見周茂叔歸吟風弄月而還司磨勘
者謂纖小非考官所宜言遂鐫級歸提畧不表白有
問之者輒以他語自咎惟日事讀書年八十三卒提
幼孤與母呂氏備嘗辛苦及選詞林卽請假覲母越
數年一奉試命未及朞而還其養親極孝而建宗祠
修族譜皆獨力成之葢篤行儒者也

呂爚字藜懷新昌人康熙己未進士除鄰縣知縣徵拜吏科給事中遷兵科掌印給事康熙丁丑會試充分校官爚骯髒以氣節自負好抵掌論列國事時山西巡撫贖貨下吏承風肆侵漁爚抗疏劾之俱得罪去御史甯爾講者意有所報復以浮詞攻爚爚亦拜章自明

上命九卿大臣廉其是非衆不直爾講爾講憂怖死流其妻孥於關外爚卒無事未幾復糾山東按察使貪耄會有庇之者坐爚妄言罷職逾月而臬司果以

老病死矣㷍性好施與得金錢輒隨手散盡至其窘時或不能舉火已小饒復揮霍如舊親愛者引前事規之㷍浩然不顧也年七十五卒於家

徐元禹山陰人磊落多碩畫著名吳越間大僚爭延致幕府康熙十二年吳三桂煽亂滇南據上游勢吞江漢川湖總督蔡毓榮悉力拒敵元禹爲之運籌時軍旅雲屯羽書旁午元禹凭几答之灼中事宜以毓榮薦授華容知縣凡湖南七郡安輯冗兵墾荒鼓鑄諸大政皆由擘劃華容當岳陽孔道兵燹流亡元禹

躬省農桑典學校安善良治行甚著遷河間同知三年卒於官

陳灝字伯景會稽人康熙壬子舉於鄉除樂清教諭以艱歸服闋補慶元遷武安知縣縣北鄉地瘠戶口流亡灝立官屯百五十頃民無力耕者許入屯給牛種全濟甚衆時關中饑輓河南粟振貸大吏檄灝往用車數千輛夫倍之皆官給其值不足則括民財以助役每一輛徵錢若干灝曰此歛怨也乃節縮布算毫毛不及民省夫價數千金而轉運亦不誤人皆頌

之大吏服其才後卒武安

鄉賢 儒林

韓孔當字仁父餘姚布衣也明崇禎中沈國模管宗聖史孝咸昆弟營姚江書院於半霖講陽明之學孔當從之沈管沒輟講者十年康熙巳酉孔當主院事以倡明理學自任學士雲集稱弟子者七十餘人其學以致知爲宗求友改過爲輔家貧甚破衣盂粥終身宴如痛近世吉凶不遵古禮風俗敝而物力殫曰志聖人之學當自立身處家始出陸梭山居家四則

曰能倣此亦自足用也卒年七十三自孔當没後而俞長民繼主講席長民字吾之餘姚諸生沈國模弟子也書院成國模延長民司文課以文章寓講學嘗語人曰今之半霖昔之河汾也諸生有能爲董薛房魏者乎爲天下開太平以續陽明瓣香此沈先生志也長民家距半霖可十里年八十餘每朔望赴講即暑雨氷雪必扶節著屐以往後卒無子

燕元璞字禹氏餘姚諸生父萬傑字伯邁明萬曆戊子舉人歷官雲南叅政有能名元璞生華膴一洗貴

胄習染師事沈國模求先儒絕學半霖建書院萬傑捐資四十金元璞五倍之量能容物尤好施與遇歲祲出粟賑饑不足乃鬻腴田佐之無吝色也卒之日呼親友至談笑不輟須臾而終

黃宗羲字太冲明御史尊素子也尊素天啓時以抗疏劾魏忠賢客氏死詔獄莊烈帝即位忠賢伏誅宗羲年十九乃袖長錐草奏疏入京訟冤至國門而尊素贈蔭祭葬諸䘏典已下會刑部鞫逆黨許顯純等召宗羲對簿即出錐錐顯純血流被體已又擊殺獄

卒顏咨葉仲文藎顯純爲大理時煆煉尊素而絕命
於二獄卒手宗羲因冒死報仇時以忠義孤兒宥之
崇禎十二年逆案阮大鋮挾重賄將謀起用宗羲與
諸名士爲留都防亂揭討之大鋮切齒福王立大鋮
秉朝政修舊怨曲殺周鑣遂以次逮問宗羲值大兵
南下事得解魯王監國授兵部職方主事擢御史晉
副都御史王航海宗羲匿山中大發篋衍讀之宗羲
早歲受業劉宗周聞誠意慎獨之學至是復舉證人
講會寧波續學之士數十人連袂稱弟子康熙十七

年學士葉方藹欲舉博學鴻詞宗羲寓書止之十八
年左都御史徐元文以宗羲與興化李清疏薦於
朝復以老病辭乃　詔取所著書宣付史館二十九
年
上以海內遺獻問尚書徐乾學尚書舉宗羲又言其
衰老乃止宗羲上下今古穿穴群言文章踈古淡淹
得盧陵半山神髓自天官地志九流百氏之教野乘
稗說無不精研學者稱爲梨洲先生年八十有六卒
毛奇齡字大可蕭山諸生入太學康熙十七年舉博

學鴻詞授翰林檢討纂修明史乙丑會試充分校官尋以葬親告歸遂不出年九十四終奇齡嘗明末業有盛名及召試年已遲暮時同入館者五十人皆文學老儒而奇齡與宜興陳維崧尤卓傑海内稱爲毛陳然維崧所擅塲者駢偶之文其他固未逮也李相公天馥以奇齡詩擬之少陵文擬之韓吏部學擬之孔穎達陸德明輩而奇齡所自負者獨在經學其解經多與宋儒枘鑿平生持論喜事功厭空談數稱東漢人行誼謂足見人眞性情學士守成見者往往閒

而驚之然奇齡於九經四子六藝旁及禮樂經曲鍾
呂諸事皆能極根柢而貫其枝葉非苟然者天性樂
易篤友朋好奬成後進遇有一得津津不去口或疑
其歷詆古人負氣難下及親見風采輒爽然出意外
奇齡名號凡數易人多稱爲西河先生云

鄉賢 文苑

張杉字南士山陰人明晉府左長史鎡孫也杉少負
才名與其兄梯弟楞號三張子王毓著以詩文會天
下士三張子坐末席諸士聞其名爭起問訊見其年

幼大驚順治三年征南兵下浙江楞死於江濱梯陽狂游澤中性不嗜酒至是劇飲成疾杉事梯如父不脫衣履晝夜坐梯所梯死杉歸家日詠詩數章與蕭山毛奇齡相倡和奇齡有作必呈杉杉以爲可乃收之奇齡嘗以事爲人所陷倉猝出走後潛歸仇人跡之杉藏之於家一年事漸露徙天衣寺後奔汝寧及禍熄杉親至淮蔡挽奇齡歸杉雖以文學著名其行事實長者非跅跑才士也明崇禎巳卯杉寓蕭山邑令羅明祖集文士於河陽館課文其題爲德行顏淵

三十字課畢復揭一籤於卷末曰漢人有諸賢名曰顏子曰曾子曰仲弓曰子路子游子夏者何人也座中無應者杉從容書其下曰顏子黃憲也仲弓陳寔也張曾子張伯饒也城頭子路者東平爰曾也子游張騫之孫猛也漢同時有兩子夏一杜欽一杜鄴也明祖避席揖之問其年蓋十九云子燧字星際康熙庚辰進士除欒城知縣徵入爲吏部主事卒於家梯字木弟楞字季方

徐緘字伯調山陰諸生初擅制舉義爲雲門五子之

一復以詩古文爭長海內中丞祁彪佳愛其才使二
子從游移緘家居梅市及彪佳死宣城施閏章尤心
折於緘自爲郎官歷監司所至必迎緘緘亦必往兩
人交相得雖忌者百方間之終無益也嘗自著讀書
說以經史二事爲本其經則周易程傳本義尚書蔡
傳詩經集註春秋左氏公羊穀梁胡傳禮記纂註論
語孟子集註大學中庸章句共二千八百四十七葉
史則資治通鑑胡三省註葉氏前編續宋元通鑑合
國語韋註戰國策正文史記小司馬註漢書顏師古

註甲子會記共一萬七千七百九十八葉每日以半治經限三葉以半治史限二十葉閱三年訖功其勤如此所著歲星堂集若干卷

張岱字宗子山陰人明廣西叅議汝霖孫也年六歲汝霖携之適杭州時華亭陳繼儒客杭見岱命屬對奇之謂汝霖曰此吾小友也及長文思坌涌好結納海內勝流園林詩酒之社必預頡頏其間岱累世通顯服食豪侈畜梨園數部日聚諸名士度曲徵歌詼諧雜進及間以古事挑之則自四部七畧以至唐宋說

家萫稡瑣屑之書靡不該悉及明亡避亂剡溪山岱素不治生產至是家益落故交朋輩多死亡葛巾野服意緒蒼凉語及少壯穠華自謂夢境著書十餘種率以夢名而石匱書紀明代三百年事尤多異聞年六十九營生壙於項王里曰伯鸞高士冢近要離余故有取於項里也後又十餘年卒

祁班孫字奕喜山陰人明蘇松巡撫彪佳次子也年十四而彪佳殉國班孫性敏慧既無意進士業乃學爲詩時同邑朱士稚慈谿魏畊歸安錢纘曾俱以詩

名班孫與之遊館畊於家上下其議論由是詩日益進自以義烈之後亡國餘生不敢放聲肆言而幽怨所激憂深思微以會合風人之旨順治十八年畊爲怨家所誣與纘曾俱見法班孫坐流寧古至戍所數年爲沙門尋卒所著自怡堂集三卷

駱復旦字叔夜山陰人九歲能屬文里師疑其僞面試之大驚旋補諸生以拔貢授推官例改知縣除陝西三原以事罷官事白補江西崇仁縣更以逋賦落職復旦性伉爽善交遊越中當順治初年好爲文社

每會集八邑髦士百餘人鐘鼓絲竹觴詠盤桓復旦必爲袖領嘗奉越人赴十郡大社連舟數百艘集嘉興之南湖太倉吴偉業長洲宋德宜等數十人爭於稠人中覓復旦既得環而觀之皆嘆息復旦長於詩落筆有才氣博大而卓朗越中爲詩者推之兩宰劇邑日與部下士及四方文人鉛槧倡酬娓娓忘晝夜人稱雅吏焉

錢霍字去病會稽人占上虞籍爲諸生貢太學霍精舉子業然不好獨好爲詩其詩自闢阡陌勁出横貫

不假雕飾而姿態橫生性豪飲喜劇談酒酣興至音吐如洪鐘目閃閃有光驚起座客咸指謂狂生然內狷隘恥以詩文干士大夫嘗遊京師故人居華要者不投一刺少詹事沈荃獨嚴重之曰去病今之李謫仙也鄉人姚儀好霍詩爲梓其集欲挾至沅州官署霍至吳門以老不欲往儀遂居之楓橋每歲捐二百金予之儀死霍還家其貧日甚而豪氣不衰吏部以次除霍訓導檄下已物故數年矣

徐咸清字仲山上虞人明兵部尚書人龍子也人龍

自上虞徙居郡城咸淸以蔭爲監生性强記一歲能識字比長遂精字學嘗患宣城梅膺祚字彙踈畧乃著一書取楊雄訓纂許愼說文顧野王玉篇幷川篇篇海等書以正字形取陸法言切韻孫愐唐韻曁宋廣韻集韻等書以正字聲於是縱考十三經子史文集及漢唐宋元諸大小篇帖有繫於釋文者悉搜採以正字義自一畫以至衆畫分若干字合若干卷名曰資治文字康熙十七年開博學鴻詞科郡縣薦咸淸至都謁高陽相公李霨高陽工小學與論字咸淸

多辨詰是非及　廷試不中選歸十餘年卒資治文字藏於家

邵廷采字允思餘姚諸生少從韓孔當講學於姚江書院又遍交證人弟子聞誠意慎獨之説欣然悦之廷采困舉塲潦倒無所遇年未至四十鬢髮皓白然意趣濶遠好求經世大畧每談忠孝節烈事奮袖激昂神采勃發於明末孤臣尤能該悉其顛末搜討掇拾欲成一書以垂後世草稾初就未及删潤而卒所著思復堂集若干卷行於世

鄉賢孝行

厲世昌字周鼎會稽諸生也父允讓好客遊明崇禎十六年鄉人爲南海主簿邀允讓與俱甫抵廣而允讓卒時　大兵下嶺南廣東西道梗不通及事定世昌銳意求父遺骸而主簿家盡殁南海蹤跡茫然道遇一越人同舟告以故問曰君親埋乎世昌曰否有送葬者乎立石表識乎有傳在某所者乎世昌俱應曰否其人大詫曰君漫漫若此從何地覓尊公前廣城被圍兩關內外新舊棺盡發爲壘炮石衝擊白骨

烟飛此吾所目覩者世昌晝夜慟哭不休其人憫之
偕往南海遍訪諸鄉人皆不識間有言者又牴牾絶
無要領世昌叩頭絮泣日禱於城隍神求夢及得夢
乃凝思其意境參以鄉人之言而彷彿之頓覺心開
果得父棺於義塚墻下埋淺土中啓之骨已黝黑髗
邊有髻簪舊物也世昌且喜且哭乃嚙一指血淋漓
遍灑骨間滴滴滲入乃大慟欲絶觀者百餘人皆感
動曰孝子也負而歸葬芝山之麓世昌年九十三以
壽終子煌成進士官詞林編修論者爲孝行之報云

莫之永字予錫會稽人父可尚爲明靖江王府掾卒於廣西時值明亡絕音問之永年十八獨身赴粵行八百里無人烟幾爲猩猩盜賊所殺流離萬狀卒得父旅櫬歸

鄒錫仁餘姚人父典言少爲諸生以思親得狂疾每病劇寢食盡廢錫仁扶持調護十餘年無虚日會歲旱典言自稱能禱雨卽奔出不知所往錫仁偕其兄迹之遍覓無踪慟哭歸乃議分途他訪其兄過豊山見父屍依樹危坐捫之肉已朽急納棺埋諸山麓事

畢而錫仁至奔葬所痛哭一晝夜求筆札囑其兄娶妻生子延先人宗祀我當從父地下還家投書門外即渡江往南山拜辭母墓返至縣署前高橋大呼躍入江中其兄倉皇索之錫仁已死屍浮橋下神色不少變怡然若有喜者知縣康如璉欲上其事恐爲例格不果

胡士章字符卿會稽諸生少貧資館穀以供父母甚得親歡後家稍饒即獨力建宗祠以祀祖考族人稱其孝焉年七十三卒

胡嶽字峻宗會稽諸生幼擅文譽士章其族弟也性孝友嘗著明倫錄百餘卷爲識者所韙卒年八十有八祀鄉賢

鄉賢義行

周之璿字敬可山陰人世籍指揮百戸之璿少入武學劉宗周聚證人講會之璿從之明亡宗周殉節其子汋走避山中之璿棄其家負宗周遺集與汋同行汋䕶髪未薙邏卒至山謀獻當事以邀賞之璿竄之他奔流離困瘁相對怡然嘗謂人曰此吾師之子趙

氏塊肉耳死則俱死臨禍難而偷生狗彘行也遂寄跡興福寺詭爲僧事定歸家其先世田宅盡爲他人所奪乃至無一廛人勸之訟諸官之濬曰吾不忠不孝投死他鄉爲世外散人何顏復履公庭與惡少年對簿耶竟寄食於人而卒無子

王龍光字幼譽會稽人世居讓簷街爲諸生久困舉場落魄無所發舒遂溯淮抵豫歷秦趙古都復走京師倦而歸時年五十餘矣范忠貞公承謨巡撫浙江聞龍光名延之課子龍光湛寂自守絕不爲私謁胸

中無町畦慕僚雖負氣凌之弗競也承謨遷福建總督邀龍光同行甫半載而逆藩耿精忠作亂承謨以罵賊不屈被幽四逆麾其黨圍制府署盡搜錄男婦縶之去龍光與無錫嵇永仁携手偕行逆卒猙獰窘辱之驅至積屍間二人自分死矣俄牽入殿前授筆札令草安民檄啖以官二人不可逆黨李明經者詭以好辭陳禍福勸受僞命卒卻之遂羈獄中困頓不可忍永仁歷敘諸境爲百苦吟龍光和之又自著養花說在獄三年康熙丙辰　王師破仙霞嶺精忠迎

降欲餙詞丐死慮承謨白其實遂害承謨并及龍光
康熙四十七年特贈修職郎國子監助教
倪宗賢字涵初山陰諸生以醫名好理學嘗屋李顒
講學于武進徒步往從之宗賢性慈厚毎治病先貧
而後富嘗蓄貴藥于籠中遇貧者雜和以進所得資
皆散盡一日舟行暮歸有惡少盜其鄰田禾宗賢大
呼曰此某寡婦田汝輩不可刈刈之寡婦絶命矣左
右爲倪涵初田涵初以醫得利雖稛載無傷也言畢
鼓棹去惡少不知宗賢之自呼也竟盡穫之其爲人

如此及卒鄉人有夢見爲台州城隍神者

朱洪謐字雷珊山陰諸生少孤遭鼎革隣里皆驚遁洪謐堂中停高曾二祖柩獨與祖母母氏闔門守之慟哭不離人稱爲篤孝事平盡葬其先人每月一至墓無間寒暑平生誠慤以施與爲樂事康熙巳丑歲祲傾家出粟以賑邑郡兩庠頹壞力補葺之時年七十餘凡程工授役皆身執其勞不諉左右一人每黎明至聖宮日沒而歸遇驟雨甚雪必扶杖往視好善勤身至老不倦卒祀鄉賢

鄉賢　隱逸

祁豸佳字止祥弟熊佳字文載山陰人豸佳明天啓丁卯舉人以教諭遷吏部司務熊佳崇禎庚辰進士除南平知縣召爲兵科給事中明亡隱於家當事幣聘皆郤之性嗜禪日與老衲蒲團相對談世外煙霞間呼伶人奏絲竹親執管和之其執轍大約相同而豸佳工書善畫四方索書畫往往呵凍流汗以應熊佳杜門枯坐而已當熊佳入垣值國事鼎沸之時馬士英以王之明詐冒太子欲付法司嚴鞫且因之傾

黃道周姜曰廣等坐以主使熊佳揚言於衆曰太子眞僞未可知若遽加笞掠何以服天下令老成凋落而羅織興大獄此何謂也士英聞之乃止福王又欲選采女入後宮熊佳抗疏爭之反覆千餘言後左良玉稱兵犯闕以檄遣熊佳熊佳復書曰國賊馬士英神人所共憤僕不難手刃之以謝天下但名義所關將軍悉兵東向恐無解於道路之口良玉不聽天下傳誦之想其風采家居數十年與豸佳俱以壽終

王雨謙初名佐後更今名更字白岳山陰人也幼精

敏工爲博士家言更肆力古文漁獵甚富性倜儻好
任俠沉勇多力明末海内大亂諸名士皆掉臂談兵
雨謙亦受沈將軍刀法揮霍起舞悉中程度倪元璐
戒雨謙藏鋒鍔爲萬人敵遂折節一意讀書崇禎癸
酉舉於鄉南都再破雨謙跋涉入閩中後潛身歸家
國初網羅前代紳士雨謙同年生王三俊聞于津要
以監司聘婉辭之遂鍵戶與女夫俞公穀共緝廉書
若干卷年九十卒子崿字山眉老於諸生以繪事名
越中公穀字康先會稽人父邁生明崇禎丙子舉人

魯王監國授戶部郎中明亡隱居不仕自號耐園灌者公穀承父志以布衣終性好古與雨謙著廉書成置酒高會相視而笑曰後世必有知我者矣卒年七十

余增雍字淸文會稽人明崇禎壬午舉人長兄煌天啓乙丑狀元侍讀學士次兄增遠崇禎癸未進士寶應知縣明亡煌投渡東橋下死增遠遁迹東郭門外灌畦終身增雍削髮入顯聖寺爲浮屠往來爐峯若耶之側每天寒夜午霜雪凜烈增雍誦佛號聲如鐘

吼林木爲之振響誦未終往往繼以大哭聞者驚愕後知其爲增雍也乃共憐之且勸其母夜行增雍曰吾今復何求所求速死耳後雨夜至望仙橋果爲虎所噬而卒

徐芳聲字徽之蕭山人爲諸生有聲太倉張溥集文士爲復社得芳聲大喜左都御史劉宗周講學蕺山芳聲從之同時學者推張羲黄宗羲與芳聲爲最崇禎末年流寇破都城芳聲率諸同學哭孔廟三日遂棄儒服稱野人不預世事遇親戚友朋死喪則弔慶

事則否嘗曰讀書貴有用著兵農禮樂諸書尤詳于兵嘗緝數十卷自運籌指顧及制械造器開屯設竈無不簡該以闢從前之虛言兵者康熙二十年徵天下山林隱逸之士侍讀湯斌侍講施閏章以芳聲與蔡仲光名薦之益都相公馮溥將上之而部例當由外入乃發書命蕭山知縣姚文熊邀之二人俱以老病辭仲光字子伯亦蕭山諸生也

董瑒初名瑞生字叔廸後更瑒號無休會稽人也世勳籍年七歲畢讀五經十歲能綴文陳子龍爲推官

見其文奇之喜言兵研極攻戰事聯結壯夫爲生死交欲以功名奮跡會國變遂隱于僧瑒少時從學劉宗周預證人會乃較錄其遺集自作記日書與人譜相表裏瑒雖爲釋氏不喜讀佛書亦不居禪室夫妻父子骨月聚處獨蔬食終其身日吾先人自洪武中以軍功除紹興守禦十一傳而及我我心有所痛欲肉食輒不忍也年七十八終

任俠字五陵會稽人少長京師以宛平籍隸於庠性落拓不羈年二十一卽棄舉子業欲徧遊宇內爲畸

人始客天津或譖於當事捕之既見奇其才欲置記室不可竟去所歷江河湖海及一丘一壑莫不記之詩至國是民生忻戚感心形諸咏嘆蓋詩史也嶺南陳恭尹謂其詩結胎六朝出入杜陵昌谷變通於香山眉山合金石絲竹爲一聲冶銅鐵鉛錫爲一器而足力之廣心力之妙足以副之人以爲知言先是有宦粵西者人莫肯偕俠以囊游未暢請從至粵遭藩亂宦家七十餘口存者僅五人俠罄囊中積金資之還都下而隻身歸里家中四壁蒼凉宴如也年八十

二自繪小影理後事畢謂其子曰吾將逝矣但日暮奈何當俟翼午及期酌酒數杯賦絶命詞遂卒俠多懿行軼事其詩無一字近名雅不欲傳諸人古逸民之流亞也蔣學士有德於俠爲前輩交巳亥三月奉命祀南鎮表章風雅而於俠尤惓惓焉俠詩始順治甲申至康熙甲申凡若干卷五嶽遊記諸雜文一卷藏於家

列女

沈雲英者蕭山沈氏女也父至緒明崇禎辛未武進

士雲英幼時隨父出入京騎馬能馬射九歲見論語
有省請受學朞年徧誦四書及孝經女誡唐詩宋詞
畧涉目卽記憶不忘向塾師請受一經乃受春秋胡
氏傳崇禎十六年隨父任道州守備流賊寇道州至
緒出戰敗賊於麻灘驛斬其渠賊懼將徙去會大雨
左體被創靴鞠壅流血足僵墜鐙爲援賊所殺雲英
年二十自帥十騎束髮被草直趨賊砦乘賊未集伍
連殺賊三十餘級負父屍而還賊大駭將復之值惠
桂吉三王竄永州賊將追三王兩以此叵測舍之去

時湖撫王聚奎睹其事奏上勅贈至緒昭武將軍祠
麻灘驛蔭一子入監以雲英爲遊擊將軍仍領父衆
會其夫賈萬策爲故閣部督師標大勦營都司守荆
州南門流賊陷荆州被殺雲英號呼曰吾命絶矣哭
辭詔命扶父柩回籍
大清師渡西陵雲英赴水死母王氏力救之免貧無
食開塾於家祠之左訓其族兒族諸生習胡氏傳者
悉師之順治十七年自洋觀潮歸歎曰吾不能久居
此矣沐浴臥而卒嘉興俞汝言作有明三述補以雲

英列女而授將軍異典也載其事三逑補中

徐廷喬妻葛氏上虞人廷喬父如圭與同里葛公善遂訂姻廷喬年五歲以醉酒墮水而癡閱十餘年轉劇如圭謁葛公辭婚許之氏聞大駭紿其父母曰兒欲往別舅姑然後再字他人可乎葛公怒不應氏閉戶欲自經其母懼爲婉言請於父得行氏入門不肯歸曰吾徐家婦也葛公奔而來强挽之以死自誓後廷喬殁氏告舅姑曰夫雖廢疾然年至二十五非殤也有婦在不可無嗣乃擇子撫之守志四十年以處

子終其喬一名霍麓
陳邦化妻周氏會稽周大緯之女也年十九邦化死
有二子氏視含殮畢欲俱死服鹹汁一大甌會有解
者嗒血數升而蘇先是氏方瞑時大兒纔三歲在床
頭號跳不已氏醒而憐之稍進飲食及二子長貧甚
氏依於父家年六十餘猶不見一人聞男子聲輒走
避他室署會稽令祖光珮給匾旌其門匾至氏矉然
而笑其宗族子姓謂氏生平啓齒惟此一見云
烈婦丁周氏者丁瑞南妻山陰福嚴村人順治三年

大兵渡江游卒入村落見婦姿首悦之携其臂去氏叫號不得脱至河干遂躍入水拯之起須臾復溺如是者三卒死于水中年二十三後人立碑其地題之曰丁烈婦盡節處

沈道錦妻劉氏山陰人年二十五孀居七十八卒

劉廷輔妻薛氏山陰人文學劉承考之母也承考生二歲廷輔即世氏茹苦鞠之承考長以行誼文章聞於兩浙弟子日進爲五經師然坎壈不遇氏亦賫志老死承考有至性每語及古今人倫盛事輒兩淚橫

流捷胸搏顙氣結不能語蓋承考以不獲旌其母爲
終天恨事久之而承考亦捐館其志卒未及伸也爲
節婦者多孤峭厲鋒芒好與人競勝負人幸畏而遠
之氏獨一意和柔妯娌親串咸得其歡無幾微罅隙
承考尤元眞渾淪絶不知天下有毀譽恩仇人或百
方侮之卒不忍斥其名歲人脩脯多爲人持去待門
人如賓即僮奴亦加禮意人謂氏母子眞長者有淳
古風氏年二十五喪偶五十二歲卒承考字序思爲
諸生祭酒者四十年學者稱卧麓先生

徐霖妻張氏會稽人年二十七而寡無子擇夫兄之子撫之立志不他適家貧以織布爲生卒年八十一苦節五十餘年姊妹親族中足不及其門即父母家亦謝絶曰吾鬼妻與死爲伍豈復有生人趣而修報謁之禮耶人以爲名言

任朝縉妻史氏餘姚史孝咸女孫年二十八孀居織紝以養舅姑姑患劇疾不可近侍湯藥者相率避去氏晝夜守之逾月不解衣兩目幾瞽康熙四十五年以節孝旌

任重妻陶氏會稽人重死無子氏年十九其父憐之將更嫁氏堅不可遂不復言年六十六卒

王鉽妻汪氏蕭山人諸生汪治女也年二十歸鉽鉽隸於庠以刲股療母病未幾卒氏守志三十年年五十五卒

周逢甲妻吳氏山陰人年二十二而夫亡至九十歲卒

盛國賢妻吳氏山陰桑瀆人年二十四國賢卒氏觸階碎頭顱欲殉其姑護之謹得不死遂以女工自給

撫二子成人康熙三十七年旌

烈婦宋氏者山陰人歸諸暨宣拱拱以鄉塾餬口娶氏逾年而卒無子拱兄君修狡而貪有子數人氏欲撫其一爲嗣君修不可氏年甫十七容髮姝麗淮安巨商適諸暨見之大驚遣女儈以多金啖君修君修喜甚亟爲氏治裝氏慟哭仆地委頓不能起君修與女儈謀陽緩之屬其妻與氏共眠食曲爲防檢而潛訂巨商至期以帛縛氏置輿中擁至寓第鄰婦知其計告之氏唯唯無一言更強歡笑守者稍解遂密縫

其上下衣夜半開門奔至下堰塘投水死康熙二十
二年十一月十三日也時天寒氷結氏死層氷下君
修求之不得疑匿他所里父老曰是婦必死吾黙察
之數年矣其汲水負薪進止不踰尺寸寧有端好如
婦而夜投入者乎乃焚陌紙祝曰婦果死貞魄不散
盍顯其靈頃之狂風怒起池氷裂開數尺聲若雷吼
氏偃屍蹶起寒峭如生氷結衣縫間稜稜然觀者成
市皆驚顧有泣下者後孝廉楊三炯合士民聞于縣
令轉告諸大僚祔蔡烈婦祠而貢士何弘基獨搆祠

於白塔湖側祀之人因名其池曰殉節池池水舊汙濁自氏死後澄碧如秋

宋景純妻周氏會稽周應龍之女年二十九景純卒子幼無伯叔父可依氏憔悴持門戶家貧務爲刻苦自夫亡卽蔬食燕會不預朝夕惟塩虀糲飯及年老生計已饒諸子競進果餌氏悉藏之以施貧與病者曰吾數十年來口中不知他味性安之如飴奈何老而淆亂也識者徧其志焉年七十一卒

徐萬化妻朱氏二十八歲而寡無子家窶甚不能舉

火其兄弟强之適人氏赴水死得救而甦後寄食於
族中年七十二卒
滕烈婦孟氏者會稽稷山人適滕順生滕居陶堰之
謝家埭相距數里而兩姓俱小家而順生畧識書記精
九章算術爲蕪湖關吏與氏婚月餘卽往江南未幾
暴疾卒訃至氏號哭覓死父母密防之責之曰汝夫
旅櫬未歸汝安得遽死氏乃止啓其兄迎順生柩葬
之稷山下三日復至葬所自辰至午慟哭不絕聲兩
淚血絮流舟回至周家灣解佩巾若將洗者遂俯身

覆入水其弟在舟中急攬之不及掖而起氏已死矣年十八歲時康熙三十八年也

貞女陳六菰者蕭山人家在白露塘南年十八未字有狂童挑之六菰怒罵去狂童慕六菰色不已瞷室無人潛入挾六菰欲汚之六菰大呼震動鄰人狂童遂驚逸六菰怒且羞閉門自經死署蕭山令甘國璽洩其究坐狂童長流而褒六菰貞烈一時文士爲歌詩記之遂流傳人口云

劉士茂妻朱氏山陰人年二十一孀居姑王氏老而

瞽氏奉養甚謹鄉黨稱之康熙五十三年以節孝旌

馮宸鑣妻符氏上虞人宸鑣年十八瘵疾將危娶氏甫十日而卒氏逾宸鑣一歲族長老哀其幼也欲還氏母家氏毀容髮誓死不去平生峭覈爲方聞一言非義輒怒形于面人頗以嚴憚之葢女子之狷者也

莫如玉妻徐氏王洪化妻傅氏會稽人俱年二十五孀居家貧以手業餬口後俱壽終

諸暨長青嶺烈婦不知何人也康熙十三年耿精忠叛于七閩土賊朱德甫踞諸暨紫閬山受僞劄遥爲

聲援　大兵進勦賊潰散凱旋有一卒縶良家婦并其幼子於馬後隨行且言至某處欲污之婦好謂卒曰吾既被獲從汝固宜但本夫止一子令子與吾在此吾夫必來俟其至以子歸之然後任汝所欲吾無憾矣卒許之行可半日至長青嶺其夫奔而前烈婦請于卒以其子付夫去婦在嶺上徘徊望其子已遠遂至巖壁間奮身擲下巖深千尺屍與骨無存卒顧之懊恨然無可奈何後通邑士民在嶺上築亭祀之過者皆垂涕焉

馮文燦妻錢氏會稽人年二十七寡事舅姑以孝聞

葉士栻妻凌氏會稽人年二十寡無子以夫從子爲嗣守節五十六年年七十五卒

貞女楊氏山陰楊應藻女也應藻字仲素以行誼稱于邑中氏幼字生員高其序爲妻未婚而其序死氏衰絰往吊哭泣畢拜舅姑盤旋不去遂守其序靈床稱未亡人苦節四十餘年以處女終康熙五十二年旌時生員劉互赧妻吳氏年十六亦以處女守貞歸劉氏五年而卒吳氏山陰州山人也

湯貞女者諸暨楓橋人與趙姓爲婚將親迎矣趙氏子以暴死卒女奔喪不肯歸坐臥一小樓今已四十餘年足不履地

生員姚弘俊妻朱氏山陰人年二十九寡以壽終

劉之祐妻王氏山陰人年二十五寡七十四歲卒康熙二十八年旌

一門三節者山陰劉源遠妻王氏其弟源通妻陳氏源濬妻沈氏康熙五十一年建綽楔旌之禮部尚書許汝霖爲之題額鄉黨傳爲盛事王氏嫠居三十七

年陳氏三十四年沈氏二十三年皆少寡所遺孤子
數人幼年無生產可事舅姑老矣三婦操井臼慘淡
焦勞然志堅甚三人意氣相得如好友毋顧之輒自
樂也王氏無子撫陳氏子一人爲嗣人呼節婦門云
金一麟繼妻沈氏山陰人年二十七寡遺一子家貧
無力延師氏少通書史親爲課讀授章句有古列女
風範康熙五十六年旌
吳允登妻徐氏年二十七孀居苦節四十八年以壽
終

王時履妻劉氏康熙五十一年旌

馮應震妻陳氏年二十寡無子且乏衣食依其父母居未幾父母亦歿或勸之適人不可乃懇懇爲尼氏大慟曰所忍苦不死者爲馮氏也若祝髮向空門誰爲吾奠一盂麥飯者與馮氏義絶矣識者服其知禮年八十一卒卒之時異香滿室云

紹興府志卷之五十八終

紹興府志卷之五十九

序志前

明萬曆十四年太常寺卿餘姚孫鑛月峰輯

越絕書十五卷不知何人作末敘外傳記第十九日賜見春秋改文尚質譏二名興素王亦發憤記吳越章句其篇以喻後賢聖人發一隅辯士宣其辭聖人紀於彼辯士絕於此故題其文謂之越絕又曰維子胥之述吳越也因事類以曉後世著善爲誠譏惡爲誡句踐以來至乎更始之元五百餘年吳越相復見於今百歲一賢猶爲比肩記陳厥說略其有人以去

爲姓得衣乃成厥名有米覆之以庚禹來東征死葬其疆不直自序託類自明寫精露愚略以事類俟告後人文屬辭定自於邦賢邦賢以口爲姓丞之以天楚相屈原與之同名明於古今德配顏淵時莫能與伏竄自容年加申酉懷道而終友臣不施猶夫子得麟覽覩厥意嗟歎其文於乎哀哉温故知新述暢子胥以喻來今經世歷覽論者不得莫能達焉猶春秋銳精堯舜垂意周文配之天地著於五經齊德日月比智陰陽詩之伐柯以已喻人後生可畏旨不在年

其說如此故或云是子貢作又云子胥作考卷中多
漢西京語又載子胥死後事甚詳其非二公撰明白
蓋茲書以貢胥爲重古人論說多自有述或不無所
本據稱更始之元則的係漢人其姓名似是袁康而
宦於越捜往籍屬郡人吳平編次之其文奥古多奇
地傳具形勢營構始末里遠近是地志祖
吳越春秋東漢趙曄撰曄山陰人事見人物志其文
氣卑弱語多俳又雜以讖緯怪誕之說不及越絶遠
甚宋徐天祐序云隋唐經籍志皆云十二卷今存者

十卷殆非全書二志又云楊方撰吳越春秋削繁五卷皇甫遵撰吳越春秋傳十卷此二書今人罕見獨曄書行於世曄傳在儒林中觀所作乃不類漢文按邯鄲李氏圖書十志目謂楊方嘗刊削曄所爲書至皇甫遵遂合二家考正爲之傳註又史記注徐廣引吳越春秋語而索隱以爲今無此語他如文選註引季子見遺金事吳地記載闔廬時夔亭事及水經注嘗載越事數條類皆援據吳越春秋今曄本咸無其文亦無所謂傳註豈楊方所已刊削而皇甫所未考

正者耶譁書最先出東都時去古未甚遠又山陰人故總述視他書所紀二國事爲詳取節焉可也
會稽典録晉虞預著預餘姚人事見人物志其書今越中無有然王司寇藝苑巵言稱偏方紀以華陽國志荆州記爲第一而謂虞預會稽典録亦其流亞則似見其書者
吳越備史五代范坰撰又補遺
吳越紀宋謝沉撰
越州圖經宋李宗諤撰

四明志宋羅璿撰

明越風物志宋姜嶼撰

會稽覽古詩華鎮撰鎮會稽人宋進士事見人物志其詩百餘篇凡山川人物上自虞夏至于五季爰及宋有可傳者皆序而詠歌之歷按史册旁考傳記以及稗官瑣語之所載咸見採摭傳崧卿稱其詞格清麗興寄深婉足以垂觀來者今其書亦罕傳舊郡志間引其語

會稽後賢傳楚人鍾離岫撰亦未見

會稽志二十卷施宿作宿吳興人嘗爲餘姚令後又
爲郡通判陸游爲之序曰中興初晉越州爲府冠以
紀元實股肱近藩也山川圖諜宜其廣載備書顧未
暇及者縣數十年直龍圖閣沈公作賓來爲守始慨
然任之而通判府事施君宿發其端安撫司幹辦公
事李君兼韓君茂卿爲之輔郡士馮景中陸子虛王
度朱鼐永嘉邵持正等相與搜羅討論焉蓋上祖禹
貢下考太史公及歷代史金匱石室之藏旁及爾雅
本草道釋之書稗官野史所傳神林鬼區幽怪慌惚

之說秦漢晉唐以降金石刻歌詩賦詠殘章斷簡靡有遺者若父老以口相傳不見於文字者亦間見層出積勞累月乃成沈公去爲轉運副使猶經營此書不已華文閣待制趙公不迹寶文閣學士袁公說友繼爲守亦力成之而始終其事者施君也書用長安河南成都相臺之比名會稽志會稽爲郡雖遷徙靡常而郡本以山得名又禹所廵也故卒以名之既成屬游參訂其槩今人但謂之放翁志幾不知有施君然觀篇末參訂之語則亦似與潤色矣其文辯博可

喜筆力暢健有蘇氏父子風非此老宜不能若此施
君及放翁事俱見人物志
續志八卷宋梁國張淏撰記嘉泰辛酉以後事而亦
補前志之遺前志無進士題名此尤其不可遺者也
與前志板俱存府齋久而糢糊殘闕
紹興名宦鄉賢贊山陰王縰撰名宦七十三人鄉賢
八十八人昔附舊志後
越詠詠越中山川古蹟山陰耆儒王埜輯晉唐以來
名人作張太僕天復增輯十之三而成十二卷刻之

板修撰元忭藏於家埜博學能文亦有行鄉人至今稱之

紹興先達傳吳騏撰騏字文英山陰人少敏慧博學洽聞才名籍甚工古文辭嘗作東山賦或以爲不下孫興公李文正東陽見騏所爲駱賓王廟碑嘆賞不置稱爲文章宗匠自京師致問餽焉其志乘傳記率有體裁好諮訪時事評人物然志行散逸不能爲醇儒而才美亦非諸儒所及

弘治中戴冠嘗重修郡志未及梓其書藏張修撰家

繁簡無法且筆力萎弱不脫學究氣又謄寫差謬甚戴冠字章甫長洲人府訓導也好吟凡越中勝地皆有歌詩與唐侍讀之濬相賡和

嘉靖初年知府南公大吉又修郡志時列名者呂僉張牧駱居敬皆諸生也其敘山川法山海經近簡古然太略中又好爲史斷於郡旣鮮關涉且文亦漫衍寡裁刻止十二卷未竟而首卷圖數十葉凡境內勝跡及水利險要皆具或但以其圖行曰紹興府縣圖

司馬相撰越郡志略十卷未行其書亦未之見司馬相會稽人正德十六年進士授刑部主事遷福建僉事以大獄不稱上意譴歸清約自甘鄉人稱之

紹興紀略四卷山陰陸夢斗撰其書用韻語分門紀事微似賦而文稍近俚其自叙亦稱附於王龜齡之三賦自爲注甚詳博中風俗一章纖悉備矣大不爲鄉人諱讀之爲廢卷太息　陸夢斗舉人仕至建寧府通判

山陰志向有修者未成嘉靖十七年前兵憲嶺東許公東望以進士學政於秋官問山陰徐比部以千巖萬壑之奇因索其志徐君曰無有也假得君爲吾邑令願留意焉弗旬月許公果拜山陰知縣踰三年乃輯邑志時張太僕公天復及柳都肖文方有名於諸

生間許郎以志屬之而聘耆儒傅君易絫校焉書十二卷文典核有法張太僕邑人名天復字復亨家於經學所作易制義數百篇學者誦之又博洽工古文辭亦善書登嘉靖二十六年進士除祠祭主事入典　內制改驗封主事晉職方員外郎出爲儀制郎中遷湖廣提學副使皆以文學著名晉江西左參政爲忌者所中調雲南副使時有武定之亂而新昌呂尚書光洵實爲撫臺用其計武定迄平蓋亦親冒矢石兩院方疏上其功會奉遷甘肅行太僕寺卿去行太僕貲雖高然其秩散得時者不遷焉擾攘者因行媒孽適撫按俱新至者不能察遂以白簡加之　詔逮滇中長子元忭扶被以往及至事得白乃以應　朝多取造冊紙坐罪罷職又三年而元忭登進士第一爲翰林院修撰儒林郎明年　上嗣服覃恩元忭訟其冤復職致仕

張太僕既家居值楊令君家相續縣志公再執筆增

入近事甚多獨列傳循故侯論定也時傳巳久殁柳方仕於外公專其事然今刻本猶稱張天復柳文纂傳易校則以二人昔日嘗同事心力具在不欲磨滅之也柳文邑人居諸生中亦以能古文顯少時與張太僕及羅生椿齊名號越中三儁晚又與徐生渭及陳山人鶴輩共爲歌詩後文以歲薦人都盛有名都下諸公卿皆重之仕至都昌知縣卒啇易邑人嘗以儒士應鄉試十五科不售人稱爲傳老儒熟典故

會稽志嘉靖中無錫華舜欽爲知縣時嘗屬金樂會堦馬金谿堯相蕣之未成後南充張鑑來屬餘姚岑原道爲之又未成隆慶初祥符楊節復經紀其事巳

上記省司將料費設館會以　召行而丹徒楊維新繼之時張子藎元忭適家居楊公遂紹前楊之緒以志屬子藎子藎又薦徐生渭使專編摩時孝稿已不復存惟求得馬氏本加之十七閏色其山川大約本郡舊志文辭爾雅可觀而戸書徭役特詳聚爲邑志最人物傳獨出子藎手人服其公書十六卷金堦馬堯相俱邑人俱以歲薦起堦任樂會知縣堯相任金谿知縣

徐渭亦邑人少有俊才工古文能聲詩諸生時每試輙高等而鄉書不薦武進薛憲副應旂督學浙中大奇之名益起未幾胡總督宗憲招致幕府委以記室之任以文辭爲名有事則授觚焉胡公甚重之素狂蕩不羈既在幕府猶時出與諸少年遊遊每深夜幕

府開門待之聞使人覘所爲還報曰徐秀才方持巨盞盛歡呼也胡公喜曰甚善甚善又故謬爲無忌每候胡公開府聚戟雙列受事者方伏階下乃敝冠白三澣衣直闖門入欲以觀其不畏者然有俠節不受賄遺不干胡公以私而不無席氣勢自恣或以睚眦中傷人人多畏怨之後胡公被逮渭慮禍及身因陽狂已乃爲真壽遘鄖炎之獄幽囹圄者八年素工書既在縲絏益以此遣日於古法書多所探繹其要領王用筆大率歸米芾之說工行草真有快馬破陣之勢久之胡公事漸解諸公惜其才營救之會赦免遂與修志已去遊燕無何疾復作奔還家廢

蕭山志六卷嘉靖二十二年漳南林策爲知縣時張刑部燭所撰三十六年襄陽魏堂續增之不知出何人筆而藩相黄九皋爲之序張燭邑人二十二年進士仕至南刑部郎中有

文名黄九皋亦邑人十七年進士

諸暨志隆慶六年邑人駱問禮撰沈賓酈文相徐有悅朱艮弼參閱焉書二十卷時夏念東爲知縣開館於青蓮寺志成甚詳愽其考究尤精覈有據駱問禮邑人嘉靖四十四年進士爲南京科給事中侃侃不屈數上書諫諍皆大體巨務後又極論諸中貴不宜與政得旨降三級用授國子學正乃問禮在南中未聞命復他有論列遂復奉謫外之命謫雲南楚雄知事先是問禮嘗上疏言大閱無益與時相忤因不復振後雖起爲南工部出爲參議乃在滇南極遠地而附蔣者猶重物色之後與忤者卒問禮乃復起遷湖廣副使素負高氣竟與時不協復爲言者所中詔特留之而問禮恐終不能取容遂乞致仕沈賓酈文相徐有悅朱艮弼皆諸生有文者

餘姚志邑人楊撫岑原道胡膏纂三公雖同領邑志然人皆謂多出原道之手而楊序亦云考索編纂之功岑居多焉原道涉獵傳記强識熟往事其爲志頗有史法能删芟蕪穢中獨缺田賦額數蓋俟覈正後塡入竟因循也頋邑人多不滿之咸謂其多誣而於岑姓襃揚太過夫襃同姓固涉于私若其他所品隲皆本輿論似非有私軒輊也且玆役固楊公主盟當更有裁正豈容夫一人自恣乎原道負氣高自許可郡談驚衆不少爲貴官假色余時未及髫見之嘗曰

爲奇士晚乃聞其折節於權門頗席聲勢招賄賂人籍籍競詆之以是爲邑志累云岑志既不見稱諸學士先生乃盛稱古志簡嚴可法據謝侍郎丕序稱文正公嘗手授一帙命增葺而楊序又謂吾師東溪于公出手藁讀之足方信史然今謝于二姓無藏者余承役郡志竭力搜求之竟不可得或言陳參政壇家有之余往叩陳公出一編長尺餘敝紙叢手所錄簡略不數語文淺且蕪中稱景泰五年止亦非謝于本也二三十年內事書有無竟不得的以此益知作志

之難矣志事起于知縣顧存仁成于通判葉金嘉靖二十一年知縣阮朝策至刻之書十七卷楊撫正德十六年進士以文學著名爲濟南知府識李按察攀龍於逢掖中重奬許之李因茲名起撫官至湖廣提學副使善書能作徑尺餘大字胡膏嘉靖二十九年進士仕至徽州同知岑原道布衣韋帶之士郎所云撰會稽志未成者

上虞志十二卷邑人郭南撰南胄郭子儀爲祖且託修志多更舊本歐曹黎爲皂李又妄入汾陽裔孫後爲通判以貪致富乃重價購舊志焚之併毀其板今所存者南志也久之南志亦毀于火而其子孫陵替

乃以志爲乞貸資南蓋起自縣功曹云近新志錄本
知縣朱維藩頗有增益然往事大抵襲郭故猶未成
書
嵊志弘治十四年邑舉人夏雷輯人稱其搜訪不遺
餘力書十卷文采可觀而未翦其蕪近有新志事稍
增亦未卒業蓋學訓王天和諸生周夢秀輩所纂也
王天和永豐人學行皆可稱
新昌志成化間知縣李楫學訓莫旦修呂尚書光洵
謂其敘述詳而乏之體要張子藎曰嘗見其書俚甚學

究筆也萬曆七年知縣田琯又重修之諸生採訪者三十六人而張元益呂繼儒相詮次焉呂尚書爲總裁人物傳大抵出呂手其書十三卷亦蔚然成一家言第言石氏義塾延明道爲師而支韓杜呂四相皆出其門則誕甚矣呂公事見人物志張元益山陰人有文行餘皆邑人

宛陵蕭公來治越諸廢既舉乃次第及修志遂以屬張子藎元忭及不敏鐨鐨逡巡未之敢任乃府公復命縣尹丁君申諭之鐨以剳記請于子藎然後致諾焉素之討論既受命茫然未得要領已乃取八邑新

舊志割裂之分類拈出再反覆覩焉始稍稍見端緒
久之未敢舉筆初鐄欲任其草創而以潤色俟之子
蓋既玩愒不克濟蕭公慮殺青無日乃又屬人物於
子蓋而俾鐄專地理焉今天下郡邑志於人物類多
俟百年之論間有斷自五十年者鐄欲從其例子蓋
曰昔孔子作春秋丘明爲傳即已績猶敘子長次史
記天漢間乃獨詳焉今吾目覩事最眞乃遜讓不紀
述即後世何徵矣吾自信公直即鈇鉞不奪矧夫怨
謗鐄甚壯子蓋之志敢贊成焉嗟乎昔司馬子長作

史記乃乘傳行天下觀山川問父老其篇中以目證耳者甚衆乃後世猶有牴牾之議水經文至奇酈道元注最贍博且工王司寇元美至稱爲大地史然遞會稽諸水亦未盡核嘉泰志云道元未身履浙江以東故誣如此今郡中不踰數百里鑛生於斯而未及徧歷惟以往籍證難矣此所以顧望未敢遂者也異日得閒尚期掉舟躡屐盡探諸名跡詢問遺老補所闕證謬誤焉書五十卷

序志後　順治己丑科進士桂林府知府慈谿王嗣皐德邁識

文有作述春秋亦魯史耳其事桓文得非述耶子輿氏及傳註則曰作春秋蓋惟其義矣春秋義廣後史氏流於偏史氏義嚴凡志則寛之此即作述大小之辨雖然其意可久亦述而志例從同同無取于支離無取于佶倔故失之俚者失也救俚以文文成而使人聱牙亦失也使天下紀事筆盡如書盤庚禮檀弓及考工等作其爲中人者必瞶瞶去之期以通俗將不能越郡志始宋之陸放翁放翁博洽人也筆如椽又攟摭舊册多自越絶書吳越春秋及諸史氏故出

之有擄文亦簡古遒逸天下諸郡邑非無志也遜越志者根柢則然耳不可謂非放翁之幸明弘治嘉靖間亦擬增修不愜於世後得月峯孫公陽和張公一洗蕪穢然則書之得失消長殆有數焉存其間耶孫張二公修志時皆居廬孫公官至大司馬多經濟張公官至左諭德深於理學並一代偉人僅月以博雅則緗矣余詳之列傳

凡輯郡志必視邑志成然後可採今八邑草未全上之當事當事輒謂可以行矣夫魯魚亥豕猶云易核

語耳傳訛無稽奈何剏疆域止川田賦廟祀以迄人
物貞贗尤其重也持邑志者公正則咸以爲迂阿俗
則羣然是之此郡之採擇於邑者難也百年間事多
徵之昔賢雜記及成於輿論蓋亦經營慘澹矣山陰
志余得沈子麟趾單子國駿所繕草删而梓之梓後
沈單二子蹶蹻出遂有以節孝傳漸增者不得而知
也其在他邑又何問乎他邑初亦以志草來今久矣
闕然無書人才聚散是所慨云

凡郡邑志有以簡得名者未嘗不善然欲以此繩越

志則非是東南風氣日開人固無如山川何矣大綱鉅目欲不載不能郡舊志爲標指者十有六首疆域終人物各弁以小序文辭櫽括無餘華余謂其言可久故仍之不復改作惟潤以近事一二語用防牴牾討全帙次第疆域物産無可增其他裒益不一顧以兵燹後載籍缺失職官選舉閒有佚名人物志慎之又慎每登一傳必折衷耆舊而後即安然隱德未盡彰嘉言未盡錄良多引愧剡越郡山川遊覽多賢記序詩歌比來尤盛卒乃存舊而含新所增記序取其

關沿革者而詩歌概綴之亦云志佚繁工費匱非編次之倦也通計全志擅有增删删惟一二忌諱文辭及駢枝語增惟體要所存然亦務簡潔以免灾梨故增不及三之一删則二十之一耳陽和張公曾孫登之陛宗之岱皆篤於家學嘗出遺編見示得進而核之其功自不可泯書成五十八卷先是舊圖陰陽半之今特翻陽面以便展觀而圖註皆多更定武備志瀕海諸圖險要存焉水陸兵制古今不同故圖註亦以沿革辨

志者記也體宜直叙舊志宋元明以來觀其地理等
書畧同一體獨至列傳則前後殊蓋古傳直叙其事
與言明時傳有直叙者有叙事而綴以斷者其體不
倫余從古例慎濫觴也夫人有愛憎率以所斷爲抑
揚諸葛見短於陳壽司馬温公以荀彧爲才似子房
道北伯夔古今如此類者不少得并失之斷乎或曰
廿一史論贊皆斷也豈知論贊者因序事而後焉者
也列傳不可同年而語故不以彼易此也
書有同文義當避諱泰稱正月諱之始今修以志有稱

唐元宗開元年者有稱晋會稽內史謝元者有引詩
經曰華華震電者皆避諱也其文所避尤廣之
舊志洋洋纚纚有倫有脊大觀也余初受書先事編
摩每閱一卷欣然如或覩我獨至分野志不禁愀然
觀其間有稱舊志者葢爲宋嘉泰志無疑然所引用
上自史記天官書迄元史則又爲明志可知矣有曰
春秋傳吳越同壤班固别之恐未然又曰魯昭公十
二年夏吳伐越史墨謂越得歲吳伐之必凶吳越各
有所論班氏未必非斯得無以兩端之說弄後世而

自形其枘鑿耶且引周氏二千餘言多見紕繆蓋周氏蹈襲前人罔知折衷而轉相引証適足爲志累其說率誤於文獻通考洪氏篇耳曰歲差變於天山川變於地遷徙變於人則分野宜變嗚呼其言似辯而實誣矣夫列國皆有分星三代聖人未之變無可變也允若洪氏則必二十八宿如七曜之右旋而後可則必瀕河之地朝衛暮周昨魯今宋而後可則必江北之農夫遷江南而爲士江南之鄙人遷江北而爲賢而後可果能乎否耶洪氏儒者輙施之論通考載

之一失也周氏襲洪氏而舊志復引周氏不得不自今正之抑有慮焉人各是其所是而非其所非矧於象緯近世鮮有習之者古太史掌記注亦掌星曆兩職合爲一官故目察而手記之無傳疑後世則分職矣紀天事多訛道不相謀也余二十年來註象緯書盈笥例不得梓今特於修志訂其舛亦願後世之士不惑於所聞耳遍考載洪氏篇且曰李淳風明於天而闇於地故所配州國以并州繫衛益州繫晉魏夫并非衛地益非晉魏地夫人而知之抑知唐志固以

冀州言衛并州言晉者乎晉地舜所謂并州是也衛於九州爲冀夫九州之名始黄帝非始禹也舜以冀州地大嘗分衛水以西爲并而晉魏本非盖盖者禹貢冀州也屬井鬼晉魏屬觜參太史家參井同占故後世州國之次有繫并於衛繫盖於晉魏者斯未嘗出自淳風也何洪氏之杜撰其言乎今姑無廣論論紹興明劉基有分野清類志屬牛女世多未之辨要之紹興境其陽占牵牛瀕海爲陰占婺女而雲漢貫注從南斗來故仍兼斗古稱吳越同占者以此

舊序

紹興古稱荒服自禹會諸侯勾踐以覇迨建炎駐蹕紳士從而徙者多賢聖之裔明興人文益盛斌斌焉軼鄒魯而冠東南矣郡有志在宋嘉泰間至于今餘四百年無繼其響者弘嘉之際戴訓南守兩嘗輯之而卒不就以去先大夫既纂邑志廼屬意於郡兩公遺草嘗購而藏之笥中他所采擷頗衆余小子趨庭之暇竊與聞之同年友宛陵蕭侯以萬曆癸未來守郡下車詢掌故知志久闕狀訝然咨嗟明年甲申會

余宅憂亟以謀于余余謝不敏又明年乙酉孫太常文融亦以太夫人之憂歸蕭侯曰太常與太史皆廬居時豈偶耶遂申前請益勤余與文融辭弗獲則取八邑志若諸史傳稍纂次之而文融執禮不入郡迺各就廬中有事焉蕭侯又曰事不分任且久而罔功于是以疆域諸志屬之文融以職官選舉若人物志屬之余而又互相參訂併志殫精不輟寒燠閱一歲而書成爲卷凡五十有奇總之爲綱凡十有六曰疆域曰城池曰署廨曰山川曰古蹟曰土產曰風俗曰

災祥曰田賦曰水利曰學校曰祠祀曰武備曰職官
曰選舉曰人物而以序志終焉夫志猶史也自昔爲
史者皆雜出于衆手而取裁于一人惟新唐書作于
歐宋廼分任之而間多枝梧貽譏後世今兹志分任
類之而余與文融不徇迹而逆心必考衷而求是葢
文不敢比于歐宋而所謂枝梧者或寡矣余又惟兹
志之成有二得亦有二失焉夫先此名太守寧詎渭
南若羅戴會游皆嘗謀之而卒無成者何也人衆則
議論難齊時久則機會易失廼今任專而成速是其

所以得也然而蒐羅之未廣揚搉之未精則亦惟人寡而時促焉耳即操筆者且不能自厭于心而况于旁觀者乎嗚呼志者一郡之公也亦千百世之公也敢以余二人私之所望于大雅君子討其闕攻其瑕而彌縫潤澤之是廼所以賛其得而匡其失也豈余二人是賴實吾郡有大賴哉廼其詳具序志中者余不復著明萬曆丁亥翰林院修撰山陰張元忭撰

紹興蓋古會稽郡云至明興而隸浙爲府浙之爲府者十有一而無敢與紹興並者毋論科名冠帶之盛

名臣烈士之勳彪炳史册甲于海内即吾堯舜以來
相傳之道統寖昌于宗儒幾晦于訓詁而大彰于文
成王先生王先生紹興人也餘生于先生之後私淑
其道而竊慕其邦以爲其山川土風必有異于他處
而故老之所傳述簡帙之所編摩又必有識大識小
而布在方策者奉命來守是邦亟索府志讀之無有
也與諸僚扼腕而嘆以爲國家當文盛之時千家之
邑一署之司靡不有籍而紹興爲海内名郡又吾文
成先生倡道之鄉奈何歷數百餘年而無志乎諸僚

更代不常獨司李陳君與余周旋四年之間乃謀之陳君陳君曰志未易言也前是戴公南公不常爲之乎戴爲而弗就南就而弗傳何以故夫志史也史而經無如夫子之春秋春秋紀一王之事備列國之蹟而托之魯夫子謂吾魯人悉魯事耳故杞宋之事夫子傷焉而曰文獻不足徵也甚矣史之貴于徵也今守相若令卽久于其任五六年止耳吾以五六年之耳目而欲圖其山川書其風俗見以爲弗核也志由而掩口笑矣以五六年之耳目進退其所爲賢而祀

者而干官徼有所入見以爲濫于鄉徼有所執見以
爲刻也志出而反唇誚矣吾不得其人而謀之謀之
彌衆而不成名曰聚訟之家得其人矣任之不專則
圖之彌久而不成號爲道旁之舍向所爲弗就弗傳
意在斯乎然則盍就其鄉之所謂賢大夫者而謀焉
而會太史張公太常孫公相繼廬居余則亟往請焉
復上其事于三臺監司諸公咸報曰可于是開舘于
稽山郎文成先生所爲記尊經閣者也而更聘郡人
某某司分校之責兩公執禮不入城予則命諸生挾

册而就之余與陳君亦數數往復訂焉期年而志成爲綱若干爲目若干爲卷若干詳兩公序及序志中葢志成而别駕葛君卜君先後至予乃得與諸僚授簡而讀而喜可知也嗟乎文成之道未墜于地譬之周禮在魯而兩君子者皆聖人之徒而文成之所寄心者也且其先人若文恪文宗皆掌絲綸而典著述有談遷彪固之業焉斯所謂文獻足徵者乎斯志也其必傳無疑也假令兩君子不憂居而陳君不予贊也猶然廢也幸而就猶然南公之續也今豈惟斯志

之幸成曠典而終夙志余不佞亦來有藉哉若夫考
民風而出治慕先哲而景行後必有賢守表揚而光
大之余姑書而竢焉明萬曆丁亥紹興知府宛陵蕭
良榦撰

漢分百十二郡間參以藩邸不則咸郡之而州邑隸
焉會稽郡其古乎哉夫道之古者貴予以維新蹟之
古者貴予以鞏餙循循焉未善也禮從俗而疏大小
戴者謂千里不同風百里不同俗班固稱雷震百里
所潤同建侯如之然則郡之統邑也綦重哉吏不必

長子孫大抵不離風教者近是夫是故三物六行振
興斯民月吉讀法不已取古芳名懿行與爲觀感亦
曰斯事重大苟可以裨風教則亟起而圖之郡志其
一端也我國家御大一統亟徵外志期得彙輯成書
與天下蒸蒸相觀而善薈內以是行得外斯應上以
是倡得下斯承方兹紹興密邇省會輻員之舊黔首
之繁賦役遵乎古額人文甲於江東治漸安堵而坐
使古志放失近百年不復修舉守厥土之謂何然先
是嘗計之矣故越志始自辛亥秋集諸薦紳相與圖

維有日而邑令猶有瞿然却顧以難之者何難乎爾
難其核也難其慎也難其公也余曰否否文獻可徵
事出覈然毋脫簡毋傳疑毋徇名毋卮說毋雷同毋
避怨凡志皆然郡與邑亦猶是耳旋有以厥義詳畧
進而請者不得巳先與邑令約夫志猶史也史法多
端天地人畧盡之古者野有分星斯逾錢塘以東宿
牽牛陽氣之所升也二至晷景其洽符無盈縮乎敬
授人時厥義一地號吳越者三春秋時以越受吳朱
文公謂山𡵓南至海滋北來故寒燠之氣正今兹原

隰亘菑澠有方故道井井民其不荒於嬉乎即乃康
功厥義二虞夏氏而後聖風如覩應接道上不暇僅
以地靈致人傑乎越絕書孫吳志事功不足尚尚夫
吾道之南理學宗風斐然不墜姚江肘腋間王文成
得之致知此間黎獻有足爲守令師應辟徵聘者乎
匡吏不逮厥義三三者備而以邑達郡光施譜乘由
是可以知分合矣故曰志猶史也志分而史合邑猶
郡郡猶省也邑分而郡合郡分而省合惟不失體國
經野揆文奮武至意即發而爲天官地理本紀世家

列傳之髣髴均不外是郡志云爾哉乃者德邁王公操觚治之德邁余同榜雁行也政事文章其能已見於天下無俟余贅述而就志言志則時經寒暑獨出手裁引例徵辭一歸史法余且於公餘之暇特訂定焉務恊輿情羣相鼓舞然後付梨棗而出之以庶幾大志之採擇蒭荛不遺葢當此日文命誕敷羣黎徧德越固海隅郡哉士若民承流仰沫父老咸扶杖觀也行將頌天保六章以慶康熙十一年知紹興府事張三異撰

經者治天下之書尊之辟廱而爲士者鮮克全肄焉至夫流風逸事簡篇之所偶載雖髫齔咸樂得而聞之無他近於情也夫治天下有踰於情性之書哉風人慮其末流三禮不嫌繁重古之記言記動者史即爲經迨其後釐輯不盡柱下而風俗一書採之亦得爲史則天下郡若邑之有志世教視此矣盖聖人之于治匪屑屑焉爲之所而每託其意于一二端以爲此一二端者上與下共之天下有甚美之修厲諸學官末遽得一旦觸于所見所聞與所傳聞欣然如可

持贈斯其意誠非吏道所及謀而究爲移風易俗者之所不能外故謂志無與于經可也謂志無與于史則不可謂志不盡洽于史可也謂志必不符于經則亦不可周官六經之一也四方之志達之行人其在小史則掌于侯國不惟陳詩納賈有以經九野綏六服推而暨焉行山國以虎節行澤國以龍節民隱周知民行克舉王者以一二端之事寄于有司卽以千百年之量持此一日綦重矣越故澤國遡之古則荒服耳有夏聖人開宛委且繼以巡狩焉厥後往往多

異蹟遂致記述之家傳會荒唐有不必覽越絕知輿廢不必攷東西漢知會稽者矣尚何傳疑之足云闕文之在史哉越有志吳興施宿與陸游實始之未幾續之張淏皆出于宋斯其力開蠶叢啓疆樹標亦云瘁矣夫何俗學踵興家帙而戶編駸駸乎莫可究詰明萬曆間孫太常鑛允當事者之請既而展視邑志幷俚則雜謂漸需歲月庶幾冶鑄成書乃猶以人物志屬之張修撰元忭由是分任者二稔然且謂廹于時損益不及詳緦緦如是卽何以處今之率然操觚

而紀百年于匝歲者乎念惟排衆議抒素心疑者闕之德愆置不問而文辭之進退繁簡一凖于古例殆不欲今日作變體也且幸守是邦者漢陽張公力修廢墜民式于法耕夫牧豎咸知從士大夫之後蒸蒸丕變則是有今日之光厥志者而志亦賴以竣事古不云乎日月行天江河行地經史之謂也若夫一行之善一卷之書積而爲風會爲人心亦猶泰山之有土壤河海之有細流葢不斥其可以高且深者而適成其高且深尚其以志翼史以史翼經已哉康熈十

一年廣西桂林府知府句章王嗣皐撰
嘗讀吳越春秋至浙江之上望見大越山川重秀天
地載清越國振興之基巳兆于此矣待生聚教訓之
後而始知之也葢數千百年來越中山川峥嶸天壤
因之越中人物麟炳旂常今
上庚申之春予奉　簡命來守茲土攬秀氣于八山
詢民瘼于三老傚朱子之守南康首取志書而閱之
因是而知漢之劉東萊唐之麗涇陽宋之范文正明
之湯篤齋化民善俗興利剔弊均徭定賦濬湖建閘

功德一時俎豆百世企慕芳徽懷想德澤問其修志之人前則有張陽和孫月峯兩先生問其修志之時則明萬曆乙酉也夫宇內之稱名志者武功鄠縣茶陵耀州汾州沔陽而郡志則居上焉相去八十有九年郡守張禹木先生延句章王德邁先生迺續成之今當

聖天子在上車書一統削平三逆文教訖西隅重譯來東海捄列國風謠成一代鉅典然必邑先郡郡先省由卑而至高由小而極大由八而得合也予因謀

諸郡之薦紳先生及兩邑宰咸館于龍山之陽碧水池上屬董生欽德亟爲編輯董生爲宗伯中峯先生之後人家學淵源鍵戶讀書已踰數十載今乃率其及門寢食其中旦夕不倦時未七旬書已告成闕者補譌者正繁者簡畧者詳如兼山亭之建有關於文教者則備述之應宿閘之修有裨于水利者則詳載之上可以黼黻盛朝次亦足以鼓吹士類郡之薦紳先生僉曰非太守之重士以尊　朝廷專任以一事權則議論之紛紜是非之錯雜不幾幾乎道旁築舍

安能如是之速成也哉予則曰諸先生之指示賢有司之贊襄予一人何敢獨擅其美焉爰爲之序康熙二十二年中憲大夫知紹興府事三韓王之賓撰

國家有史所以垂法萬世郡邑有志所以勸懲一方均之稗益世教而輔導民心者也越郡鎮隸揚州垣分牛女唐虞以後爲於越秦漢屬會稽郡山川之靈秀甲于天下昔禹會諸侯于塗山執玉帛者萬國王會圖書于斯爲盛五岳九鎮之雄會稽得其一焉歷代以還鍾生偉彥指不勝屈有功斯土而彪炳史册

者至今猶廟食于斯而嘖嘖于斯民之口今
聖天子車書一統天覆地載之區莫不蒸蒸向化況
兩浙為京師之臂指越州為三吳之接壤民之被
聖德而詠膏澤者益以深入
聖駕南廵親詣禹陵翠華所至兆庶得覲
天顔禱眉頌萬之下其為潛移默化更多予濫叨郡
守竊自惴惴夙夜竭蹶惟以革薄從忠抑華崇樸與
越之父老子弟晨夕勸勉比年以來于越屬所宜行
者頗為次第整理惟郡志為世道人心攸係前